中国学生成长速读书

总策划／邢涛　主编／龚勋

世界之最

汕頭大學出版社

世/界/之/最

COMPLETE BOOK OF THE WORLD RECORDS

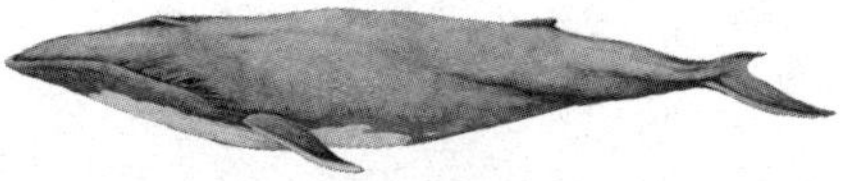

世界之最

COMPLETE BOOK
OF THE WORLD RECORDS

前言

你知道吗？目前观测到的最亮的恒星比太阳亮26倍，地球上最活跃的火山几分钟就喷发一次……这样的“世界之最”蕴含着天地宇宙间的无穷奥秘；世界上最大的圣诞蛋糕重达2300千克，最能睡的人竟然睡了70多年……这样的“世界之最”展示着人类创造的无穷奇迹；最早的克隆羊出现在哪个国家？发明阿拉伯数字的是阿拉伯人吗？最早的电话是谁发明的？……这样的“世界之最”体现着飞速发展的科学技术知识，能激发起人们认识世界、探索世界的好奇心和求知欲。

每一个“世界之最”或揭示出宇宙的无穷奥秘，或彰显出大自然的光怪陆离，或成为人类社会发展中的一座里程碑，或留下科学史上的一个奇迹，长期以来一直是人们喜闻乐道、常谈不衰的话题。为此，我们采集最新的资料编纂了这部《世界之最》。

全书以知识性、科学性、趣味性为出发点，分为宇宙之最、地球之最、生物之最、人体之最、人类社会之最、体育之最、艺术之最、建筑之最、交通之最、军事之最和科技之最共十一章。书中所列“之最”极具代表性，注重使用最新的数据资料，除此之外，本书搜集大量的珍贵图片，必能令读者大开眼界，在增广见闻之余，还能拓展思维，充实头脑，开阔心胸，在青少年成长的过程中起到良好的助益作用。

Contents | 目录

世界之最

Part 1 第一章

宇宙之最

世界上最早关于哈雷彗星的记录出现在什么时候？世界上最早的天文台雏形位于哪里？太阳系中哪颗行星的卫星最多？

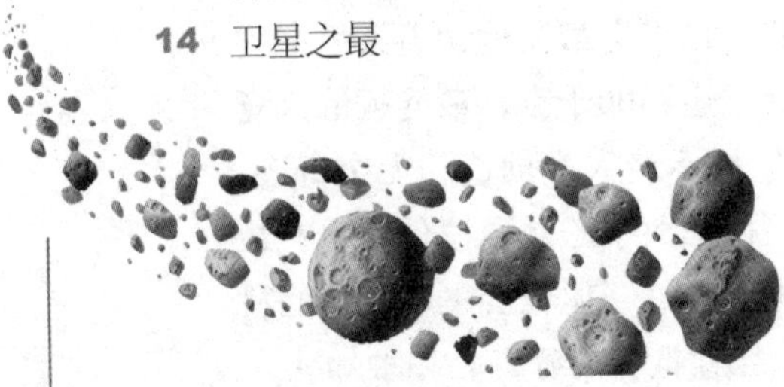

Part2 第二章

地球之最

最古老的海是什么海？最高的高原和最大的平原坐落在哪里？最高的山峰有多高？最长的山脉有多长？

Part 3 第三章

生物之最

世界上最长的昆虫有多长？外形最奇特的鱼是什么？最古老的农作物是什么？寿命最长和最短的花是什么花？

Part 4 第四章
人体之最··

人体内最小的骨骼是哪一块？体外存活的最小心脏有多大？献血最多的人是谁？最畅销的饮料是什么？

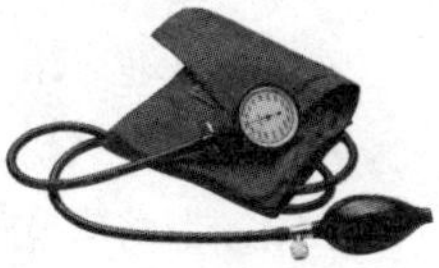

Part 5 第五章
人类社会之最··

面积最大和最小的国家是哪两个国家？最古老的成文法典是谁制定的？最先到达南极洲的人是谁？

Part 6 第六章
体育之最··

最早的奥运会是在哪一年举办的？最早的篮球赛是谁设计的？最早的乒乓球运动是怎样产生的？哪项球类运动是最难的？

Part 7 第七章
艺术之最··

世界上最早的史诗是哪一部？人物最多的小说是谁创作的？世界上最古老的画有多少年了？世界上最大的金属雕像是什么？

Contents | 目录

世界之最

［第一章］

Part 1

宇宙之最

随着对宇宙认识的不断深入，人类渐渐发现宇宙是一个无边无际的空间，它由遍布太空的无数天体及天体所在的广漠空间构成。你知道世界上最早的日食记录、最早关于哈雷彗星的记录出现在什么时间吗？哪颗行星的卫星最多？太阳系中最大的卫星是哪一颗？……虽然人类目前发现的这些宇宙之最会在将来被更新的发现所代替，但它们仍有被人们认知的意义和价值。

天文研究之最

天文学主要研究天体的分布、运动、位置、状态、结构、组成、性质及起源和演化。它在人类早期的文明史中占有非常重要的地位。天文研究的历史，就是人类探测宇宙的历史。古代的天文学家通过观测太阳、月球和星星等天象，来确定时间、方向和历法。中国是世界上古代天象记录最多和最系统的国家。

世界上最早的日食记录 世界上最早关于日食的记录见于中国商代的甲骨文。这些甲骨文出土于河南安阳殷墟，上面翔实地记载了公元前1217年5月26日在田间劳作的人们看到日食的全过程。此后，中国保持了对日食记录的连续性。

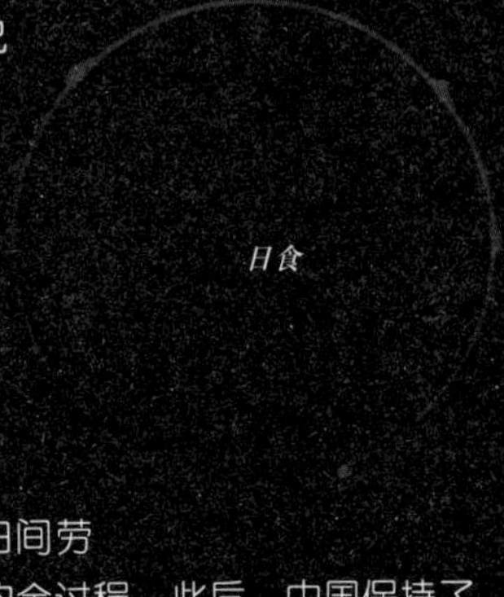
日食

狮子座流星雨

世界上最早关于哈雷彗星的记录 世界上关于哈雷彗星的最早记录出现于中国。目前被世界公认的是《史记·秦始皇本纪》中关于哈雷彗星的记录。后来人们发现，《淮南子·兵略训》中对哈雷彗星的记录比《史记》记录的还要早400多年。

哈雷彗星

世界上最早的流星雨记录 世界上最早关于流星雨的记录出现于中国。《竹书纪年》一书中记录着：“帝癸十五年，夜中星陨如雨。”这段话讲述的就是发生在中国商朝时期的一次壮观的流星雨。

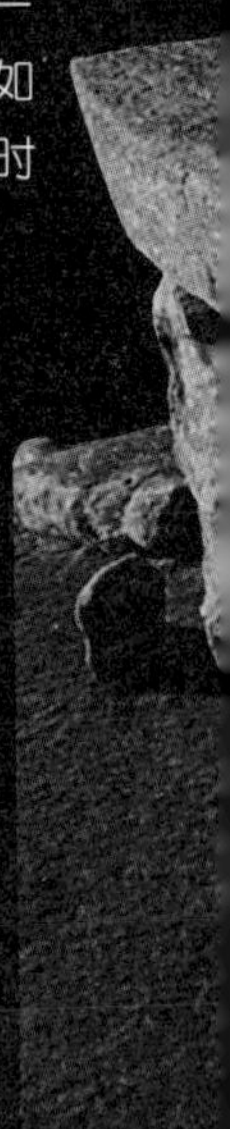

天文学发展历程简表

时间	取得成果
约公元前3000年	埃及、美索不达米亚及中美洲的人们开始以文字记录天文学知识。
约公元前2200年	中国制定原始历法，定一年为366日。
约公元前1300年	中国有了世界上最早的新星记录。
公元140年	希腊天文学家托勒密提出完整的“地心说”。
公元1543年	波兰天文学家哥白尼的著作《天体运行论》出版。
公元1619年	开普勒发表了他的行星第三定律。
公元1687年	牛顿出版《自然哲学的数学原理》，确立“万有引力理论”。
公元1915年	爱因斯坦提出“广义相对论”。
公元1969年	人类首次登上月球。
公元1997年	美国探测船成功登陆火星，揭开火星探测的序幕。

世界最早的太阳黑子记录　世界上最早关于太阳黑子的记录出现于中国。《汉书·五行志》中记载着：“河平元年……三月己未，日出黄，有黑气，大如钱，居日中央。”这段话讲述的就是发生在公元前28年的太阳黑子活动。

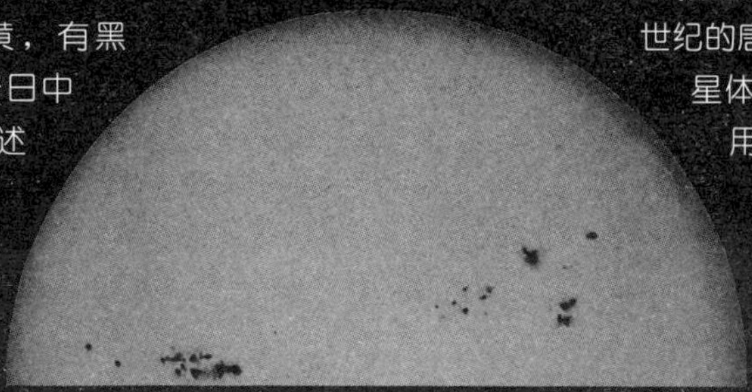

太阳黑子

世界上最古老的星图——《敦煌星图》　目前世界上发现的最古老的星图是在中国敦煌莫高窟发现的唐代星图。这幅星图大约绘制于公元7世纪的唐代初期，图上共画有1367颗星体，内容相当丰富。图形部分用红黑两色，按照12个月的顺序，采取赤道坐标法，沿赤道上下连续画出了12幅星图。该图现被收藏在伦敦的大英博物馆里。

在莫高窟，人们发现了《敦煌星图》。

世界上最早的天文台雏形——英格兰的巨石阵　英格兰巨石阵位于威尔特郡的索尔兹伯里大平原上，是史前时代的神庙遗址，大约建于公元前4000年～前2000年之间。巨石阵的主轴线和夏至日初升的太阳位于同一条直线上。据科学家推测，这些石头建筑是远古人类为了观测天象而建造的，称得上是最早的天文台雏形了。

巨石阵

恒星之最

我们在地球上遥望深邃的夜空时，看到最多的便是恒星。恒星实际上都是发光的球状高温气体。一般来说，恒星的体积和质量都比较大，它们通常存在于星系之中，每个星系都包含许多不同种类的恒星。古代的天文学家认为恒星在天空中的位置是固定的，所以给它起名“恒星”。事实上，恒星也在不停地高速运动着，比如太阳就带着整个太阳系绕着银河系的中心在运动。

常见的星体亮度排行榜

星体	视星等值
太阳	−26.74
月球（满月）	−12.7
金星（最亮时）	−4.6
织女星	0.03
牛郎星	0.77
北极星	2.0

注：在地球上所测定的恒星亮度等级称为视星等值，恒星越亮，其视星等值越小。

夜空中的天狼星A

肉眼看到的最亮的恒星——天狼星A 天狼星A位于大犬座，是人们夜晚用肉眼能够看得见的众多恒星中最亮的一颗。天狼星的绝对亮度是太阳的26倍，在北半球的冬季，它会在岁末的午夜出现在正南方的天空中。

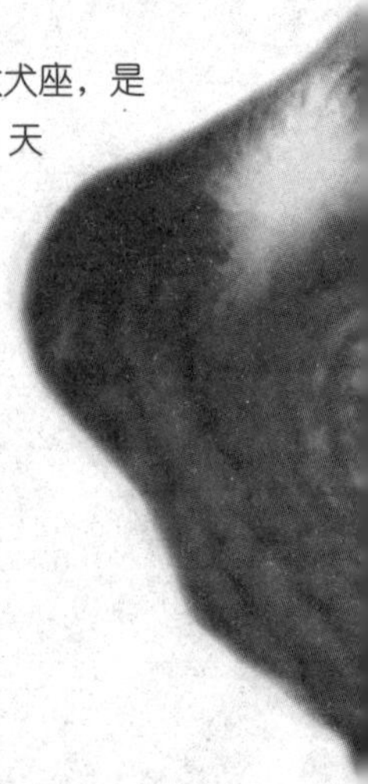

离太阳系最近的恒星——比邻星 比邻星位于半人马座，距离太阳4.22光年，是离太阳系最近的一颗恒星。迄今为止，最快的宇宙飞船“旅行者”号的速度是5.2万千米/小时，但即使它到比邻星去，来回一次也得17万年。

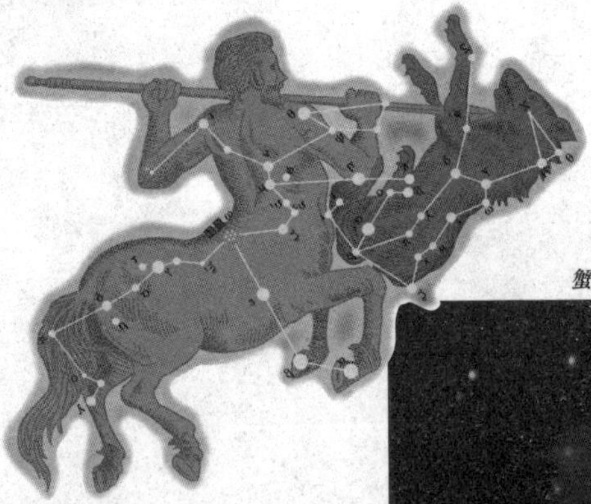

位于半人马座“马蹄”上的是“南门二”双星，比邻星就在它旁边。

金牛座的蟹状星云形状有点像螃蟹，是1054年超新星爆发后的残骸。

最亮的超新星——金牛座超新星 迄今为止，最亮的超新星是中国1054年观测到的金牛座超新星，又被称为“中国新星”。这颗超新星爆发时十分明亮，即使在白天人们都能看到它发出的耀眼的光芒，而且它持续的时间达23天之久。

体积最大的恒星 据报道，美国天文学家2005年1月发现了3颗呈红色且十分明亮的恒星，这3颗恒星的直径都超过10亿千米，周长为太阳周长的1500倍。这是人类目前观测到的体积最大的恒星。如果这3颗恒星取代太阳的位置的话，那么它们的热量足以“吞没”地球。

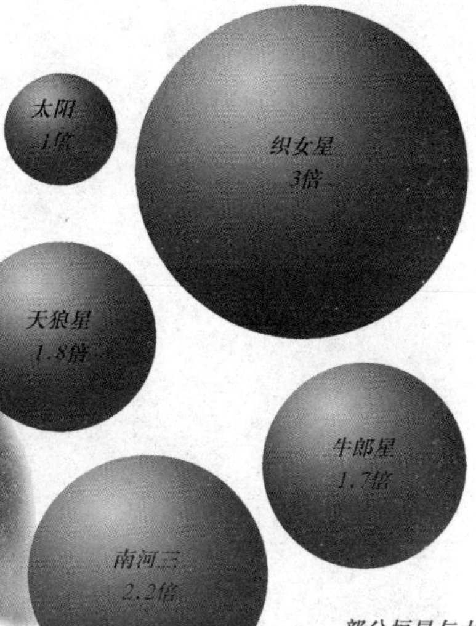

部分恒星与太阳体积的对比

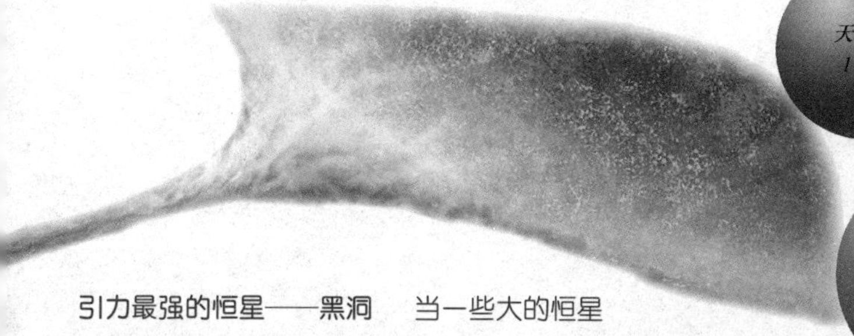

引力最强的恒星——黑洞 当一些大的恒星燃烧尽了的时候，它们就会自行塌陷，其所有组成部分会聚敛成一个点，这些点的体积趋向于零而密度变得无穷大。由于具有强大的吸引力，物体只要进入离这个点一定距离的范围内，就会被这个强大的引力吸收掉，连光线也不例外，所以科学家给这个点起了个名字叫黑洞。因为黑洞的引力如此巨大，没有任何信号能够从这个范围内传出，所以它里面的情形人类还无法知道。

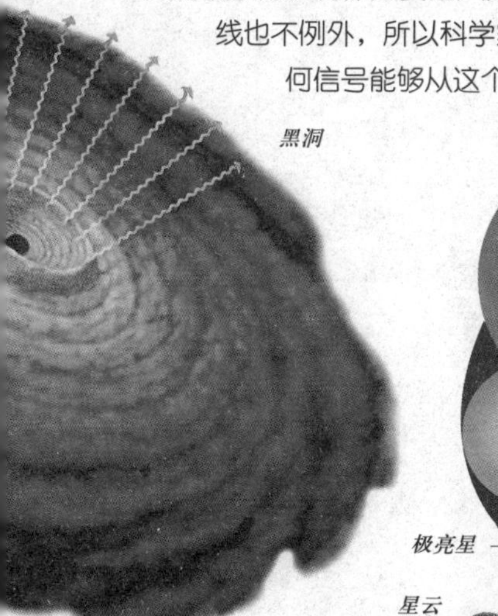
黑洞

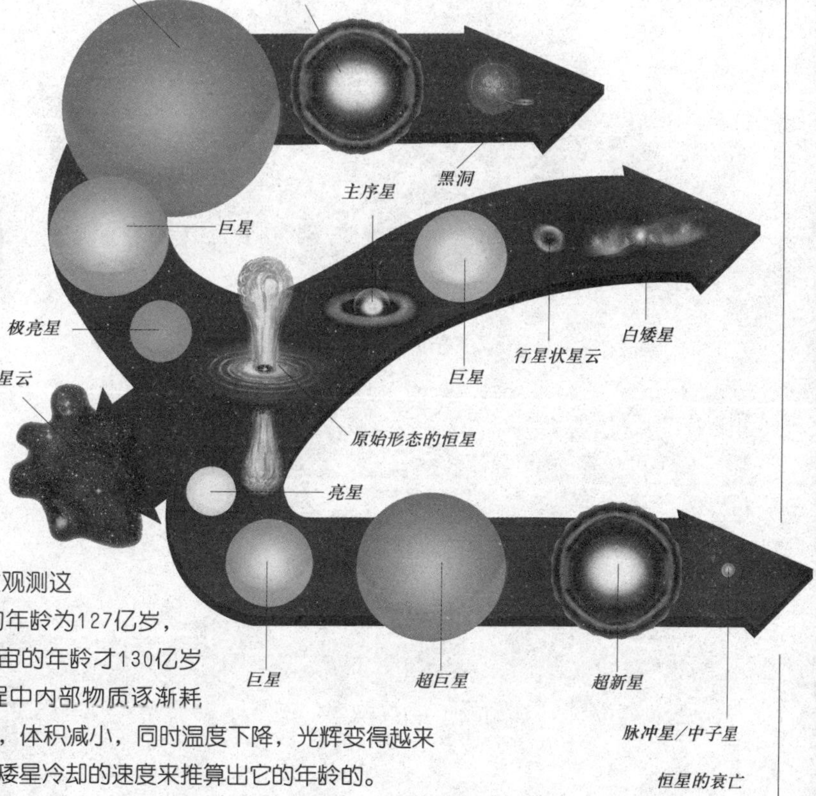

恒星的衰亡

最古老的恒星——白矮星 白矮星是加拿大天文学家利用哈勃太空望远镜在银河系内观测到的最古老的恒星。这些天文学家通过观测这颗黯淡的白矮星，发现它的年龄为127亿岁，正负误差约有5亿年，而宇宙的年龄才130亿岁左右。因为恒星在燃烧过程中内部物质逐渐耗尽，到了一定时间开始坍塌，体积减小，同时温度下降，光辉变得越来越黯淡。科学家就是根据白矮星冷却的速度来推算出它的年龄的。

行星之最

行星是围绕恒星运行的且本身不发光的较大的天体。地球就是太阳的行星之一。在太阳周围共有八大行星，它们是水星、金星、地球、火星、木星、土星、天王星、海王星。八大行星以椭圆形轨道环绕太阳运行，在火星和木星之间有一个小行星带，它们将八大行星一分为二。在小行星带内侧的叫内行星，在小行星带外侧的叫外行星。

木星上的大红斑

太阳系八大行星

自转轴倾斜最大的行星——天王星　在太阳系所有行星中，天王星的自转轴倾斜最大，这也是天王星所具有的最大的特征。我们地球的自转轴与其公转轨道平面之间的倾斜角只有23.45度，而天王星的自转轴与它的公转轨道平面成97.92度的倾斜，几乎是横躺着运行。

最大、最快的行星——木星　木星是太阳系的八大行星之一，其赤道半径约为71千米，质量约为地球的319倍，体积约为地球的1316倍，是目前所知太阳系中最大的行星。木星自转一周只需要9小时55分29.71秒，也是八大行星中转得最快的行星。

天王星

卫星最多的行星——木星 在围绕太阳运行的八大行星中，除了金星和水星，其他行星都有自己的卫星，其中卫星最多的行星是木星。目前已知木星拥有63颗卫星。其他行星已知的卫星数量是：土星35颗，天王星27颗，海王星11颗，火星2颗，地球只有1颗。

距地球最近的行星——金星 金星通常运行于地球轨道内，它与地球相距仅0.414亿千米，是人类已经探测到的距离地球最近的行星。

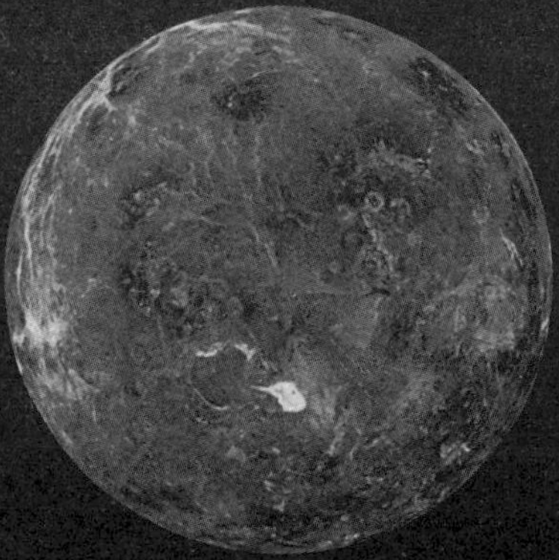

金星的大小、质量与地球很相似。

明亮的月亮和金星

肉眼看到最亮的行星——金星 金星是距离太阳第二近的行星，是肉眼能看到的最明亮的行星。每天早上它总是第一个从东方的天空升起，所以又叫做“启明星”。金星距离地球很近，它的大小、质量与地球相似，但表面最高温度却可达447℃。

木星全景

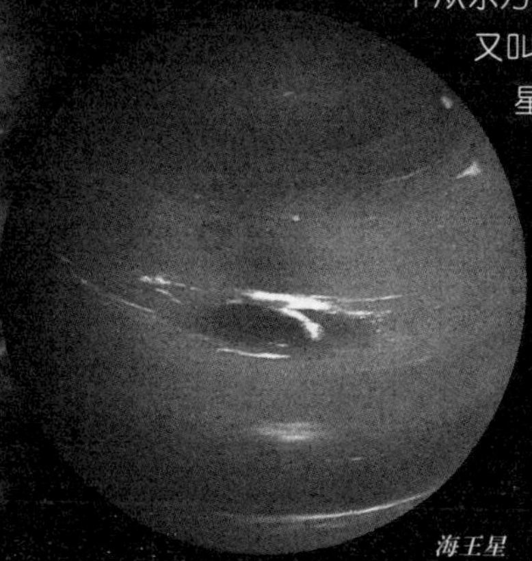

海王星

最早被计算出来的行星——海王星 海王星最早是通过计算发现的。在海王星发现之前，人们发现天王星总是偏离预定的轨道。1845年，英国剑桥大学的亚当斯第一个通过计算得出了海王星的位置。但是，这个结果在当时并没有被人们接受。直到1846年，法国天文学家勒威耶也通过计算得出了同样的结论，他立刻让天文台的工作人员进行观测，果然在他所计算出的位置发现了一颗

八大行星与太阳的平均距离及其直径

行星	与太阳的平均距离（亿千米）	赤道直径(千米)
水星	0.579	4880
金星	1.075	12103.6
地球	1.496	12756
火星	2.279	6804.9
木星	7.7833	142984
土星	14.294	120536
天王星	28.710	52000
海王星	45.04	49528

卫星之最

卫星是指按一定的轨道围绕行星运行的天体。月球就是地球的卫星。在太阳系里，除水星和金星外，其他行星都有天然卫星。卫星本身并不发光，而是靠反射阳光而发亮。除月球外，其他卫星的反射光都很微弱，一般肉眼难以看到。卫星的体积和质量相差较大，运动特征也不尽相同。

木星的卫星

卫星	距离（千米）	半径（千米）	质量（千克）	发现者	发现日期(年)
木卫一	422000	1820	$8.93e^{22}$	伽利略	1610
木卫二	670900	1575	$4.80e^{22}$	伽利略	1610
木卫三	1070000	2635	$1.48e^{23}$	伽利略	1610
木卫四	1883000	2400	$1.08e^{23}$	伽利略	1610
木卫五	181300	94.5	$7.17e^{18}$	Barnard	1892
木卫六	11480000	46.5	$9.56e^{18}$	Perrine	1904
木卫七	11737000	38	$8.7e^{17}$	Perrine	1905
木卫八	23500000	25	$1.91e^{17}$	Melotte	1908
木卫九	23700000	18	$7.77e^{16}$	Nicholson	1914
木卫十	11720000	18	$7.77e^{16}$	Nicholson	1938
木卫十一	22600000	20	$9.56e^{16}$	Nicholson	1938
木卫十二	21200000	15	$3.82e^{16}$	Nicholson	1951
木卫十三	11094000	8	$5.68e^{15}$	Kowal	1974
木卫十四	222000	50	$7.77e^{17}$	Synnott	1979
木卫十五	129000	10	$1.91e^{16}$	Jewitt	1979
木卫十六	127969	20	$9.56e^{16}$	Synnott	1979

太阳系中最大的卫星——木卫三 在太阳系所有的卫星中，最大的是木星的卫星木卫三。它的直径为5270千米，比八大行星中水星的直径还大。它的质量是月球的2倍，并且有自己的磁场。

木星最明亮的4颗卫星，其中最大的是木卫三。

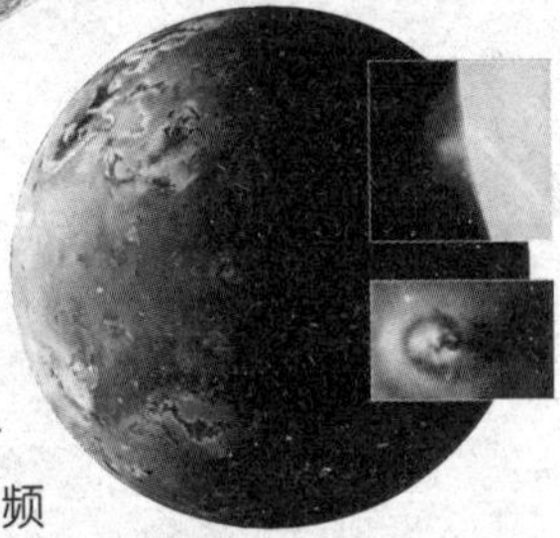

木卫一和它上面的火山

火山活动最频繁的卫星——木卫一 木卫一是火山活动最频繁的卫星，也是太阳系中除太阳之外最炽热的星体。木卫一只比月球略大一点，其物质组成更接近类地行星。在木卫一的表面，有数百个火山口，火山活动极为剧烈。据观测，木卫一表面的平均温度约为-143℃，最热的地方可达1610℃。

最奇特的卫星——海卫一 海卫一是一颗轨道逆行的大卫星。仅有的几颗其他轨道逆行的卫星直径都不及海卫一的十分之一。海卫一的另一个特色莫过于其上面的冰火山。这些冰火山的喷发物大多是从地表下涌出的液态氮气、灰尘或甲烷的混合物。

海卫一表面的冰火山

[第二章]

Part 2

地球之最

地球是人类共同的家园，这个美丽的家园在无尽的岁月轮回中，发生了沧海桑田的巨变。最古老的海是什么海？最高的高原和最大的平原坐落在哪里？最高的山峰有多高？最长的山脉有多长？流量最大的河在哪里？最深的淡水湖有多深？哪个地方是天然钻石的最大产地？最大的雪花有多大？……所有这些地球上存在的世界之最都值得我们去认识和了解，同时，我们也应该爱护地球环境，保护我们的家园。

海洋之最

海洋是地球上广大而连续的咸水水体的总体，其总面积约为3.6亿平方千米，占地球表面积的71%。地球上所有海洋的平均深度约为3800米。人们按海洋的特点和分布区域，将其分为太平洋、大西洋、印度洋和北冰洋。大洋边缘又可分为许多海，它们或处于大陆边缘，或处于大陆之间，通过海峡与海洋相通。

四大洋排行榜

大洋	总面积（万平方千米）	位置
太平洋	17868	亚洲、大洋洲、美洲和南极洲之间
大西洋	9165.5	欧洲、非洲、南美洲和北美洲之间
印度洋	7614.4	亚洲、南极洲、大洋洲和非洲之间
北冰洋	1475	地球最北端，为亚、欧、北美洲所怀抱。

红海

世界上最古老的海——地中海 地中海位于欧、亚、非三大洲之间。在地质史上，它比大西洋的“资格”还老。大约在6500万年以前，古地中海是一个辽阔的特提斯海。后来，北面的欧亚板块与南面的印度板块的运动使它退缩成现在的地中海。

世界上最咸的海——红海 在亚洲的阿拉伯半岛西侧与非洲大陆之间，有一片狭长的海域叫红海。红海中平均1000克海水的含盐量为40多克。由于海水含盐量太高了，密度比较大，所以漂浮能力很强，人躺在水面上不容易沉底。

地中海沿岸的港口城市

波罗的海

世界上含盐度最低的海——波罗的海 波罗的海位于欧洲北部，三面被大陆包围着，属大西洋海域，是世界上含盐度最低的海。波罗的海年蒸发水量小于年降水量，平均每1000克海水的含盐量为6克，大大低于全世界海水的平均盐度35‰，几乎同淡水差不多。

哥斯达黎加境内的加勒比海海岸

死气沉沉的黑海

世界上生存生物最少的海——黑海 黑海位于欧洲东南部，是世界上生存生物最少的海。黑海的含盐度虽然较低（平均含盐度小于22‰），但在水深155～310米的海域里，生物几乎绝迹。这是因为海水受到了硫化氢的污染，而且海水流速慢，上下层对流运动弱，造成海水中缺乏氧气，不利于水生生物生存。

沿岸国家最多的海——加勒比海 加勒比海位于北大西洋西南部，其西部和南部与中美洲及南美洲相邻，北面和东面以大、小安的列斯群岛为界。沿岸的国家有古巴、海地、多米尼加、波多黎各、委内瑞拉、危地马拉、洪都拉斯、巴拿马、哥斯达黎加等20多个国家和地区，是世界上沿岸国家最多的海。

爱琴海

世界上拥有岛屿最多的海——爱琴海 爱琴海位于希腊半岛和小亚细亚半岛之间，是地中海的一部分。爱琴海的海岸都是岩石构成的，海上散布着数以千计的大小岛屿，如米科诺斯岛、桑托林尼岛和由145个小岛组成的基克拉泽斯群岛等。

高原、平原和盆地之最

高大宽阔的高原、一马平川的平原、环山出现的盆地，一起构成了千姿百态的地表形态。高原可分为山间高原、山麓高原、大陆高原等。平原可分为堆积平原和剥蚀平原。盆地可分为侵蚀盆地和构造盆地。它们分布在地球上的各个国家，地壳运动使它们不断变迁，也由此造就了许多世界之最。

世界高原排行榜

高原	面积（万平方千米）	平均海拔（米）
巴西高原	500	300～1500
青藏高原	250	4000以上
埃塞俄比亚高原	105	2500以上
云贵高原	50	1000～2000
黄土高原	40	1000～2000

世界上海拔最高的高原——青藏高原　位于中国西南边境的青藏高原，是世界上最年轻且海拔最高的高原。它的平均海拔在4000米以上，上面矗立着11座海拔超过8000米的山峰。在距今2亿年前，这里还是一片汪洋大海，但随着地壳运动，海面逐渐缩小。到了360万年前，在喜马拉雅造山运动中，青藏高原和它上面的山脉大幅度隆起，成了世界上最高的高原。

世界上面积最大的风积高原——黄土高原　黄土高原主要分布在山西、陕西、内蒙古、河南、甘肃、青海等省，面积约40万平方千米，是世界上面积最大、黄土沉积最厚的风积高原。在距今250万年前的亚冰期，发源于西伯利亚的冬季风将中亚、蒙古高原和新疆北部等地戈壁沙漠中的大量粉砂带到这里，并逐渐堆积起来，形成了现在的黄土高原。

陕北的黄土高原

巴西高原

世界面积最大的高原——巴西高原　巴西高原位于南美洲中东部，介于亚马孙平原和拉普拉塔平原之间，面积为500多万平方千米，是世界上面积最大的高原。巴西高原大部分地区是热带草原气候，是巴西农牧业的重要基地。

美丽的青藏高原

西西伯利亚平原冬季景观

世界上最寒冷的平原——西西伯利亚平原 西西伯利亚平原位于俄罗斯亚洲部分的西部，面积约300万平方千米，是世界上最寒冷的平原。西西伯利亚平原冬季的月平均气温在-45℃以下，最低时能低至-71℃。

世界上面积最大的盆地——刚果盆地 刚果盆地位于非洲中部，面积大约为337万平方千米，是世界上面积最大的盆地。该盆地的中部是平坦、辽阔的平原，海拔300～500米，而周围的高原、山地一般海拔都在1000米以上。刚果盆地原来是一个内陆湖，后来由于地壳运动形成了盆地。

世界上面积最大的平原——亚马孙平原 亚马孙平原位于南美洲圭亚那高原和巴西高原之间，是世界上最大的平原，面积约560万平方千米，大部分在巴西境内，约占巴西国土的1/3。亚马孙平原靠赤道很近，充沛的降水量使这里的森林生长得特别茂盛。

亚马孙平原上的河流和丛林

刚果盆地中的热带雨林

山脉和火山之最

山是陆地上一种隆起的地貌，具有较大的高度和坡度，由地壳上升地区经受河流切割而成。山脉是对一组山地的统称，它们呈脉络状，沿着一定的方向有规律地分布。其中，构成山脉主体的部分称为主脉，从主脉延伸出去的部分叫做支脉。连续的多条山脉可以组成庞大的山系。火山是山的一种，是地球内部炽热的岩浆喷出地表而形成的堆积体。

世界主要山脉的海拔排行榜

山脉	平均海拔(米)	长度(千米)
昆仑山脉	5000～6000	2500
阿尔卑斯山脉	3000	1200
落基山脉	2000～3000	4800
太行山脉	1500～2000	700
大兴安岭	1100～1400	1200
乌拉尔山脉	500～1200	2000以上

世界上最长的山脉——安第斯山脉 世界上最长的山脉是美洲的安第斯山脉，它南北绵延8900千米，北起特立尼达岛，南至火地岛，占地面积约有180万平方千米，其长度几乎是喜马拉雅山脉的三倍半。安第斯山脉属科迪勒拉山系，是年轻的褶皱山脉，山势高峻而陡峭，海拔高度大都在3000米以上。

位于秘鲁境内的乌鲁班巴山险峻陡峭，是安第斯山脉的一段。

珠穆朗玛峰

世界最高的山峰——珠穆朗玛峰 珠穆朗玛峰的海拔为8844.43米，是世界最高的山峰。它是喜马拉雅山的主峰，位于中国西藏与尼泊尔王国交界处的喜马拉雅山脉中段。1953年5月29日，英国两名探险队员首次从尼泊尔境内的南坡登顶成功。1960年5月25日，中国登山队首次从北坡登顶成功。

世界上最美丽的火山——富士山 富士山位于日本本州岛的中南部，主峰海拔3776米，是日本最高的山峰。富士山整个山体呈圆锥状，一眼望去，就像一把悬空倒挂的扇子。山峰高耸入云，山顶被白雪覆盖，山下树木翠绿，使得整个山区风景显得格外美丽，是世界公认的最美丽的火山。

富士山

世界上最活跃的火山—— 伊萨尔科火山 在世界上500多座活火山中，位于中美洲萨尔瓦多的伊萨尔科火山是世界上最活跃的火山。它自1770年首次喷发以后，200多年来一直有规律地喷出火焰和火山灰，每隔十几分钟甚至几分钟就喷发一次。

世界上最强烈的火山——喀拉喀托火山 喀拉喀托火山位于印度尼西亚，是世界上爆发最强烈的火山。1883年5月火山爆发时，远在3620千米之外的澳大利亚南部和西部都能听到隆隆的巨响。

火山爆发时涌出的熔岩流

世界上最著名的火山——维苏威火山 维苏威火山位于意大利南部那不勒斯湾东岸，是世界上最著名的活火山，也是欧洲大陆唯一的活火山。使维苏威火山闻名于世的是公元79年的一次大喷发，这次喷发使附近的赫库兰尼姆和庞贝城从地面上消失了。

维苏威火山

喷发的火山

河流之最

河流是一种天然的水道。它们的源头通常在山里。下雨或融雪时，融化而成的水沿着陡峭的山坡向下流，在山谷里汇合成河流。大多数河流都是从高处流向平地，最后注入海洋，但在沙漠地区流向内陆的河流往往最终自行消失。

世界主要长河排行榜

名称	所属大洲	长度(千米)
尼罗河	非洲	6671
亚马孙河	南美洲	6480
长江	亚洲	6300
密西西比河	北美洲	6262
黄河	亚洲	5464
鄂毕—额尔齐斯河	亚洲	5410
澜沧江—湄公河	亚洲	4880
刚果河	亚洲	4640
勒拿河	非洲	4400
黑龙江	亚洲	4370
马更些河	北美洲	4241
尼日尔河	非洲	4200

尼罗河上的晚霞

世界上流量最大的河——亚马孙河 位于南美洲的亚马孙河发源于秘鲁，最终流入大西洋，其水流量约占地球表面径流量的1/6，沿途接纳大小支流1000多条，其中长度超过1500千米的主要支流有17条。虽然亚马孙河的长度不及尼罗河，但其水流量却是尼罗河的50倍。

丛林中蜿蜒的亚马孙河

世界上最长的河——尼罗河 尼罗河发源于非洲的布隆迪高原，从南向北流经卢旺达、坦桑尼亚、肯尼亚、乌干达、扎伊尔、苏丹、埃塞俄比亚等国，最后在埃及附近注入地中海，全长6671千米，是世界上最长的河。

世界上流经国家最多的河——多瑙河 欧洲的多瑙河是世界上流经国家最多的河。它发源于德国，全长2850千米，自西向东流经奥地利、斯洛伐克、匈牙利、克罗地亚、塞尔维亚、保加利亚、罗马尼亚、乌克兰9个国家，在罗马尼亚苏利纳附近注入黑海。

穿过布达佩斯城区的多瑙河

列宾的油画——《伏尔加河上的纤夫》

世界上最长的内陆河——伏尔加河 伏尔加河发源于瓦尔代高地，河流曲折东流，至喀山附近折向南，到伏尔加格勒转向东南，最后注入里海，全长3530千米，流域面积136万平方千米，是欧洲最大的河，也是世界上最长的内陆河。伏尔加河流域是俄罗斯民族和文化的发祥地，俄罗斯人亲切地将其称为“母亲河”。

雅鲁藏布江

世界上海拔最高的长河——雅鲁藏布江 雅鲁藏布江发源于喜马拉雅山，自西向东奔流于号称“世界屋脊”的青藏高原南部，最后于巴昔卡附近流出国境，改称布拉马普特拉河，经印度、孟加拉国注入孟加拉湾。雅鲁藏布江在古代藏文文献中被称为“央恰布藏布”，意为“从最高顶峰上流下来的水”，它的河床海拔平均在4000米以上，是世界上海拔最高的河。

黄河

世界上含沙量最高的河——黄河 黄河发源于巴颜喀拉山北麓约古宗列盆地，流经青海、四川、甘肃、宁夏、内蒙古、陕西、山西、河南、山东9个省区，在山东注入渤海，是世界上含沙量最高的河流。据统计，目前平均每立方米河水的含沙量高达36.9千克，年平均输沙量16亿吨，淤积下游河床4亿吨。泥沙使河床平均每年抬高10厘米。

湖泊之最

死海浮力很大，人躺在湖面上也不会沉下去。

湖是被陆地围着的大片积水，湖泊是湖的总称。湖泊形成的原因有很多种，其中较大湖泊是由于冰川运动和地壳运动造成的。除此以外，河流改道与死火山口积水也是湖泊形成的主要原因。根据湖的形成过程不同，湖泊可分为构造湖、火口湖、河成湖、海成湖、堰塞湖、冰川湖、岩溶湖等几种类型。这些湖因成因不同而形态各异，各具特色。

世界上面积最大的湖——里海 里海是位于欧亚大陆之间的一个内陆湖，南面和西南面被山脉所环抱，其他几面是平原和低地。里海占全世界湖泊总面积的14%，是世界上面积最大的湖。

世界上最咸的湖——死海 位于巴勒斯坦、以色列和约旦交界处的死海其实并不是海，而是一个内陆湖。它是世界上最咸的湖，含盐度差不多是一般海水的6～7倍。死海里没有鱼虾，沿岸也寸草不生。由于含盐度高，浮力也大，人可以躺在湖面上而不会沉下去。

里海

世界上最深的淡水湖——贝加尔湖 贝加尔湖位于俄罗斯西伯利亚平原南部，面积约为3.15万平方千米，最大深度为1620米，是世界上最深的淡水湖。另外，贝加尔湖也是世界上蓄水量最大的淡水湖，其蓄水量达2.3万立方千米。

贝加尔湖

世界上面积最大的淡水湖群——北美五大湖 位于美国和加拿大之间的五大湖——苏必利尔湖、密歇根湖、休伦湖、伊利湖和安大略湖，总面积约24.42万平方千米，是世界上面积最大的淡水湖群，其总蓄水量相当于全世界淡水总量的1/5。

世界主要湖泊湖面高度排行榜

湖名	所在国	湖面海拔(米)	面积(平方千米)	最大水深(米)
里海	俄罗斯、土库曼斯坦等	−28	386400	1024
咸海	哈萨克斯坦、乌兹别克斯坦	53	33800	64
大熊湖	加拿大	156	31328	413
休伦湖	美国、加拿大	176.4	59600	229
密歇根湖	美国	177	57800	281
苏必利尔湖	美国、加拿大	183	82100	406
贝加尔湖	俄罗斯	456	31500	1620
马拉维湖	坦桑尼亚、莫桑比克	472	30800	706
坦噶尼喀湖	坦桑尼亚、赞比亚等	773	32900	1436
维多利亚湖	乌干达、坦桑尼亚等	1134	69484	82

湖水从伊利湖流入安大略湖，形成壮观的瀑布。

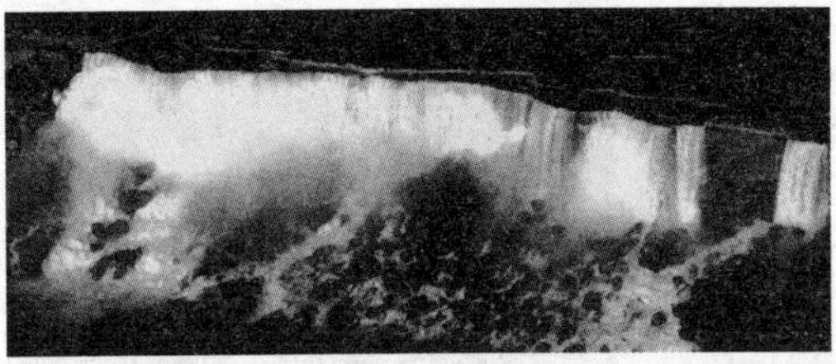

世界上海拔最高的淡水湖——的的喀喀湖 在南美洲的秘鲁和玻利维亚边境的安第斯山脉中，有一个名为的的喀喀的湖泊，其湖面海拔约3810米，是世界上最高的淡水湖。的的喀喀湖平均水深100米，最宽处达304千米，湖水总面积约为8330平方千米。

的的喀喀湖

能源矿藏之最

能源是指一切能提供能量的资源，包括能提供能量的物质资源，如煤、石油、天然气等，也包括能提供能量的物质运动形式，如流动的水和风等。矿藏是埋藏于地壳中或暴露于地表可被人类开发利用的矿物的总称，是人类社会最主要的物质生产资料来源之一。矿藏主要可分为两大类：一类是金属矿藏，另一类是非金属矿藏。

石油剩余储量排行榜(2007年)

国家	石油储量（万吨）
沙特阿拉伯	361.98
加拿大	244.64
伊朗	189.59
伊拉克	157.53
科威特	139.04
阿联酋	133.97
委内瑞拉	119.22
俄罗斯	82.19
利比亚	56.80
尼日利亚	49.61

陆上油田

世界最大的陆上油田——加沃油田 加沃油田位于沙特阿拉伯的东部波斯湾海岸，长240千米，宽35千米，是世界上最大的陆上油田。该油田在1948年被沙特阿美石油公司发现并开发，估计最大的采油量为820亿桶（约合115亿吨）。

钻井台

天然气田

世界上最重的石油钻井平台——潘波钻井平台 潘波钻井平台是佩特罗布罗斯公司建造并经营的。该平台位于巴西里约热内卢附近的坎普斯盆地，重2.4万吨，占地3900平方米，是世界上最重的石油钻井平台。

世界上最大的天然气田——北方气田 北方气田位于卡塔尔北部，发现于1971年，当时探明的储量仅为2万亿立方米。不过，随着勘探工作的扩大，气田储量也在逐步增长，到2007年已增至25.63亿立方米，占到了全世界剩余可采天然气储量的14.6%。

矿井内部

世界上最大的天然钻石产地——澳大利亚 澳大利亚的钻石产量为0.374亿克拉，占世界钻石总产量的34%，是世界上最大的天然钻石产地。但是这里的钻石质量相对较差，其产值只占世界钻石生产年产值的5%左右。

钻石闪亮华美，可加工成昂贵的首饰。

世界上最深的矿井——约翰内斯堡西部深井黄金矿区 南非的约翰内斯堡以西的西部深井黄金矿区，是世界上距地面最深的矿区。这一矿区的2号、3号矿井分别深达3581米和3597米。目前，南非一家矿业公司正计划修建更深的矿井，以开采深达5000米的金矿。

加拿大省际管道公司的原油管道

世界上最长的石油管道 加拿大省际管道股份有限公司拥有世界上最长的原油管道。该管道横跨北美大陆，从加拿大艾伯塔省的埃德蒙顿市起，穿过美国芝加哥市，一直到加拿大的蒙特利尔，全长3787.2千米。沿着这条管道的82个油泵站日运石油25.4万立方米。

管道旁的油泵站

冰雪之最

雪是由微小的冰的结晶体粘在一起构成的，在温度很低时由空气中的水蒸气结冰形成。雪花是从天上落下来的很小的松软的六角形冰结晶体。在高纬度和高山地区，气候严寒，降落到地表的冰雪经过挤压和重新结晶，就成为具有可塑性的冰川冰。冰川冰在压力和重力的影响下，会沿着地表缓慢运动，形成冰川。

世界冰川面积排行榜

位置	冰川面积（平方千米）
南极洲	13980000
格陵兰岛	1802400
加拿大北极岛屿	148825
西斯匹次卑尔根岛	21240
阿拉斯加(太平洋沿岸)	52000
安第斯山脉	50000
新地岛	24420
北地群岛	17470
法兰士约瑟夫地群岛	13735
冰岛	11785

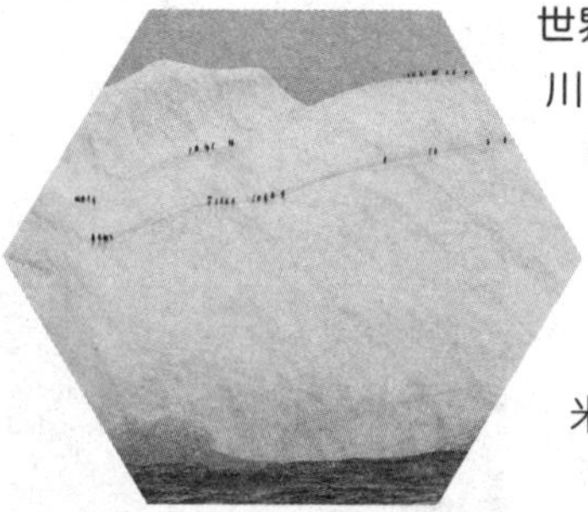

巨大的冰川

世界上最长、最大的冰川——兰伯特冰川 南极洲有众多的冰川，其中，兰伯特冰川是世界上最大、最长的冰川。这条冰川充填在一条长400千米、宽64千米、最大深度为2500米的巨大断陷谷地中，它以平均每年350米的速度流注入海中。

雪花呈六角形，非常美丽。

世界上最大的冰山——C19A号冰山 目前世界最大的冰山位于南极法国基地附近，面积为5659平方千米，代号为C19A号。而历史上最大的冰山代号为B15，面积为11000平方千米。它在2003年10月遭到威力强大的暴风雨袭击，如今已断裂为二。

最大的雪花 目前已知世界最大的雪花出现在美国。1887年1月28日，美国蒙大拿州基奥堡的一位农场主马特·卡里曼测量到一个宽38厘米、厚20厘米的雪花。后来他在《天气回顾》月刊上描述该雪花“比奶锅还大”。

在寒冷的南极，人们能看到很多冰山。

[第三章]

Part3

生物之最

自然界的绝大多数生物都是人类的朋友，这些“朋友”在千万年的进化过程中创造了许多妙趣横生的世界之最。你知道世界上哪种昆虫的飞行能力最强吗？寿命最长的动物能活多少岁？最小的鸟到底有多小？最聪明的动物是什么动物？最古老的农作物又是什么？最高的树有多高？最矮的树又有多矮？最大的花有多大？价格最贵的草究竟有多贵？……在本章里，所有自然界的世界之最，都会给你带来耳目一新的感觉。

低等动物之最

在动物学中，一般将身体构造比较简单、组织及器官分化不明显、无脊椎的动物称为低等动物。地球上90%以上的物种属于低等动物。很多低等动物身体柔软，靠外壳来保护自己。低等动物包括海绵动物、腔肠动物、软体动物、棘皮动物、昆虫等20个左右的动物门。其中除了昆虫门以外的各门动物中，大多数种类生活在海洋中。

低等动物种类数量排行榜

动物	所属门	所属纲	种类
蜘蛛	节肢动物门	蛛形纲	35000种
蜗牛	软体动物门	腹足纲	35000种
蛔虫	圆形动物门	线虫纲	20000种
马陆	节肢动物门	倍足纲	10000种
海绵	多孔动物门	海绵纲	9000种
蜈蚣	节肢动物门	多足纲	5000种
海星	棘皮动物门	海星纲	1600种

世界上最低等的多细胞动物——海绵动物 海绵动物又叫多孔动物，是最低等的多细胞动物。海绵形状多种多样，有扁的、圆的、管状的，等等。它们的身体构造非常简单，组织肌体松散，没有消化系统，也没有明显的神经系统。最大的海绵群生活在安的列斯海中，其形状如同一个空心花瓶，高1米，直径达到90米。

世界上最大的水母——北极霞水母 生活在大西洋和北冰洋里的北极霞水母是世界上最大的水母。它们的身体像红褐色或黄色的降落伞，伞盖直径可达2.5米，伞盖边缘伸出8组共1200只触手，每组触手伸长后可达40多米。

海绵

水母

蜗牛

世界上牙齿最多的动物——蜗牛 蜗牛俗名“山田螺”，是腹足类软体动物，通常有两对触角，一对较长，一对较短。蜗牛能吃坚硬的食物，因为它们的口腔里有135排整齐的角质牙齿，每排105颗，总共有14175颗牙齿，称得上是世界上牙齿最多的动物了。

世界上最大的蜘蛛——捕鸟蛛 捕鸟蛛生活在南美洲，它们在树林中织网，以那些自投罗网的鸟类为食。捕鸟蛛一般有巴掌那么大，体表多毛，有8只眼，全部长在背甲的前部。有的捕鸟蛛也会捕食一些其他小型脊椎动物，如青蛙或老鼠。

捕鸟蛛

世界上最常见的蠕虫——蚯蚓 蚯蚓是世界上最常见的蠕虫。在地球上，生活着大约1800余种蚯蚓。如果条件良好的话，在每平方米的土地中，可能藏有250条蚯蚓。蚯蚓可以深入土下好几米。每1万平方米的土地中约有2吨重的蚯蚓，它们可以养活200种别的动物。

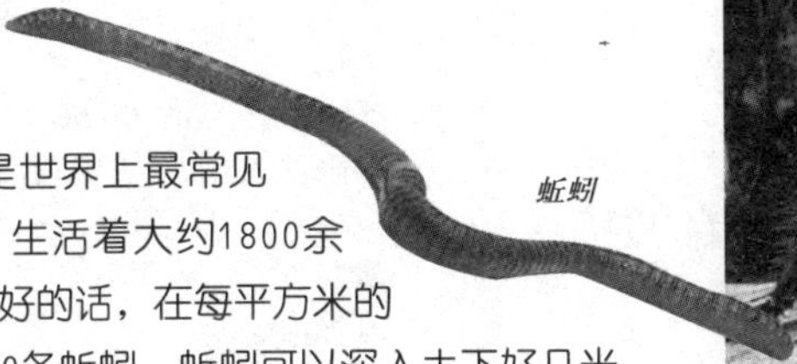
蚯蚓

世界上最长的软体动物——枪乌贼 枪乌贼也叫鱿鱼，生活在离岸不远的海区，是世界上最长的软体动物。已知最大的枪乌贼有17米长，触手长达13米。枪乌贼很善于游泳，它们流线型的身体可以减少水的阻力，靠喷水的反作用力使身体前进，时速可达50千米。遇到危险时，它们会放出一股乌黑的墨汁，迷惑敌人的视线后迅速逃跑。

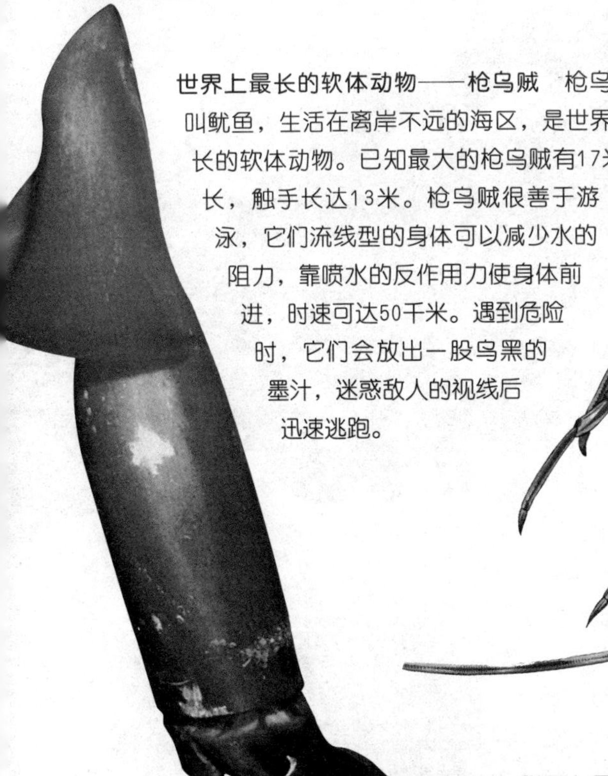
枪乌贼

龙虾

世界上最大的虾——龙虾 龙虾是虾家族中最大的一种，其甲壳非常坚硬，头胸上生有数个棘刺、2条带刺的触角以及10条粗壮的脚。龙虾生活在温暖的海洋中，白天隐匿在礁石缝中，夜晚才出来觅食。1934年，一支船队在北美沿海捕捉到一只龙虾，身长1.22米，重达19千克，触须有好几尺长，是目前人类发现的最大的龙虾。

昆虫之最

生活在地球上的动物种类约有150万种之多，而其中的四分之三是昆虫类。所有的昆虫身体都分为头、胸、腹三部分，一般都长有眼睛、触角、翅膀和硬壳。然而，它们却形态各异，有着各自的特点和生活习性。

昆虫的飞行速度排行榜

昆虫	每秒扇翅次数	飞行速度(千米/小时)
蜻蜓	25～40	25～55
天蛾	50～90	18～50
粉蝶	8～12	7～14
金龟子	50	11
蜜蜂	225	7～11
家蝇	200	7
蚊子	600	1～2

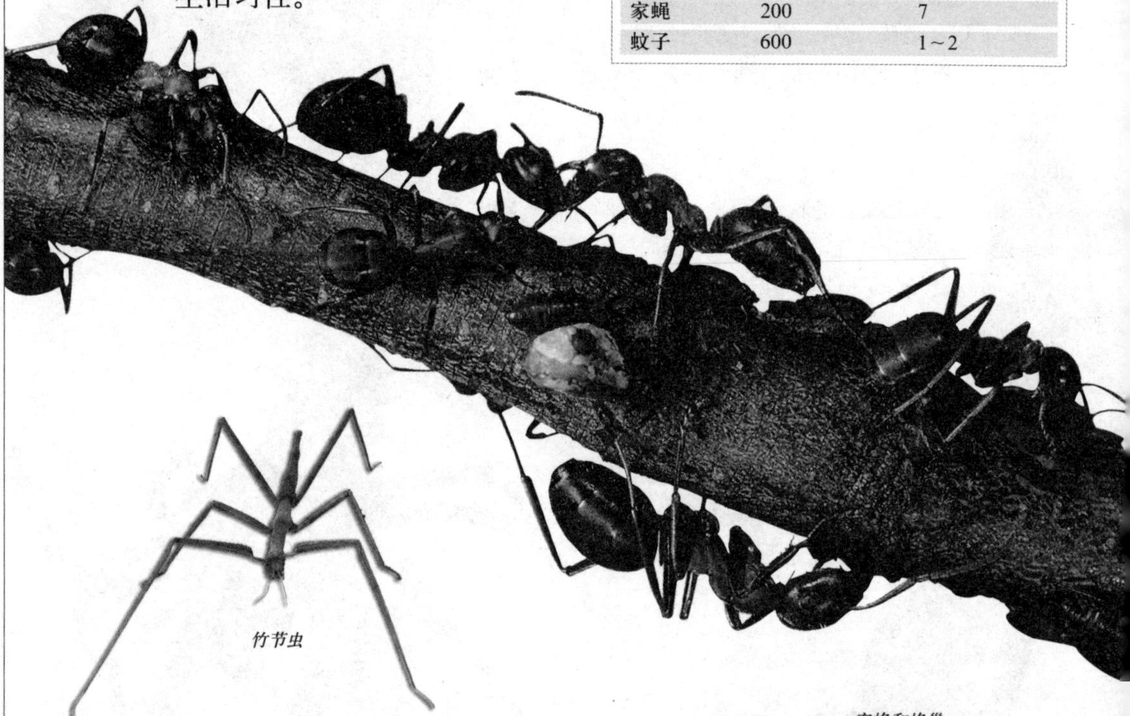

竹节虫

蜜蜂和蜂巢

世界上最长的昆虫——竹节虫 地球上的竹节虫有上千种，大部分生活在东亚的热带森林里，其中最长的竹节虫体长超过30厘米，是世界上最长的昆虫。竹节虫多为绿色或褐色，看上去非常像小树枝，也有的像树叶，趴在树上时很难被发现。它们就是通过这样的伪装来保护自己的。

世界上筑巢最精巧的昆虫——蜜蜂 蜜蜂的巢穴也叫蜂房，是由一些正六边形组成的，底部用3个全等的菱形拼接，牢固无比。蜂房还分为储存食物的空间和孵化幼蜂的空间。建好的蜂房只有40克重，却可以容纳2000只蜜蜂，可谓是世界上最精巧的巢了。

世界上飞行能力最强的昆虫——蝗虫 蝗虫是直翅目的昆虫。它们头部较小，向前突出，上面有一对丝状触角，口部有一对大颚，胸部有三对足和两对翅膀。蝗虫群每天能够连续飞行近10个小时，飞越大约200千米的路程，如果凭借风力，越洋跨海都不在话下。

蝗虫

蜻蜓

世界上眼睛最多的昆虫——蜻蜓 生物学家利用现代高科技生产的仪器观察得知，蜻蜓的每只复眼竟由28万个眼晶体组成，可称得上是眼睛最多的昆虫。蜻蜓的复眼内上半部的小眼，专看远处的物体；下半部的小眼，专看近处的东西。除了复眼外，蜻蜓的头上还长有三只单眼，专门负责“侦察”前方的“敌情”。

蚊子

对人类危害最大的昆虫——蚊子 蚊子是双翅目昆虫，属于蚊科，身体细长，口部有尖刺，是对人类危害最大的昆虫。雄蚊只吸植物汁液，而雌蚊特别爱吸人和动物的血，是传播疟疾、黄热病等的媒介。据有关资料统计，在一年之内曾有300万人死于蚊子传播的疾病。

世界上力气最大的昆虫——蚂蚁 若与自身体重相比，蚂蚁可以说力气最大的昆虫，因为它可以支撑或拖走超过自己体重300多倍的物体。科学研究表明，这是因为蚂蚁的肌肉纤维里含有特殊的酶和激素蛋白，稍加活动就能释放出巨大的能量。

鱼类和两栖类之最

鱼类是最古老的脊椎动物，早在4亿年前就已经出现在地球上了。它们大多拥有平滑的鳞片和流线型身体，几乎能生活在任何有水的地方。大多数鱼类都具有气球状的鳔，可让它们维持漂浮。两栖类动物比鱼进化得更高级，主要包括蛙类、蟾蜍、水蜥和蝾螈等。多数两栖类动物生命前期生活在水中，像鱼一样用鳃呼吸；成年后生活在陆上，用肺呼吸，产卵时再返回水中。

鱼类游泳速度排行榜

鱼名	时速(千米/小时)
旗鱼	125
箭鱼	120
飞鱼	65
鲨鱼	40
金枪鱼	30～40

世界上外形最奇特的鱼——海马 海马是外形最奇特的鱼，它们看上去一点都不像鱼类，除了管子状的嘴巴，整个头部就像一只马头，所以得名海马。海马身上没有腹鳍和尾鳍，却有一根细长灵活的尾巴，可以使身体随意固定在某处，或在水中直立前进。

海马

世界上最大的鱼——鲸鲨 鲸鲨是世界上已知最大的鱼。它们长着宽宽的头，两只眼睛很小，嘴巴很宽，有漂亮的脊鳍，广泛分布于印度洋、太平洋和大西洋各热带及温带海区中，最大者体长可达20米，比一辆公共汽车还要长。

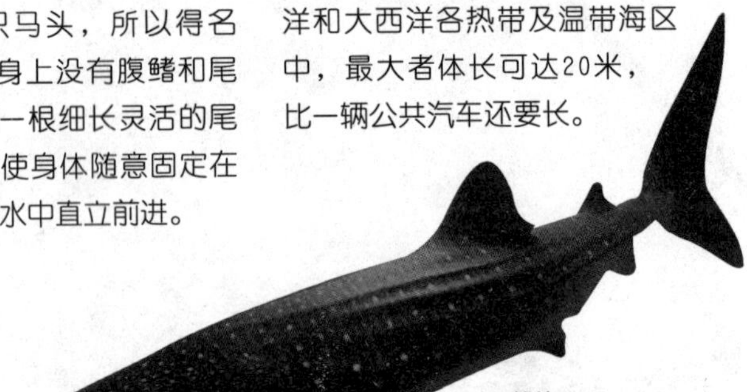
鲸鲨

世界上游得最快的鱼——旗鱼 旗鱼遍布于世界各大洋，是公认的游得最快的鱼。它们的身体又扁又长，体长一般在3米左右，表皮呈青褐色，上面有灰白色的圆斑。旗鱼短距离内的游泳时速可达125千米，3秒内可游过90米，是一般鱼类游泳速度的两倍，比轮船的速度还要快三四倍。

旗鱼

飞鱼

世界上飞得最远的鱼——飞鱼 有的鱼可以在水面上飞翔，其中飞得最远的要算飞鱼。飞鱼体长20厘米，近乎圆形，胸鳍特别发达，一直长到尾部，像鸟的翅膀，尾鳍很大，有助于飞翔。有人在大西洋观测并记录下的飞鱼飞行记录是：高度11米，距离1000多米。

世界上放电能力最强的鱼——电鳗 生活在南美洲亚马孙河和圭亚那河的电鳗，是放电能力最强的鱼。它们细长的身体一般在2米左右，体表光滑无鳞，没有背鳍和尾鳍。尾部很长，里面有强力发电器官，放电时的最高电压可达800伏，被称为“水中的高压电线”。

电鳗

翻车鱼

世界上产卵最多的鱼——翻车鱼 翻车鱼长得很奇特，身体短短的、扁扁的，头很小，没有腹鳍，背鳍和臀鳍呈尖刀状，尾鳍已经退化。它们的个头很大，最大的长3～5米，体重一般在1500～3500千克。翻车鱼具有强大的生殖能力，一般鱼类产卵量约为百万粒，而它们一次却可产卵3亿粒，是世界上产卵最多的鱼。因为翻车鱼的卵容易被别的鱼类吞食，所以它们成活的数量很少。

世界上最懒的鱼——䲟鱼 䲟鱼体形近似圆筒，头部有一个由背鳍转化而成的吸盘。它能靠这个吸盘吸附到鲸、鲨或船只上，不费一点力气就能远涉重洋，被称为世界上最懒的鱼。䲟鱼主要分布在太平洋、印度洋和大西洋的温带区域。

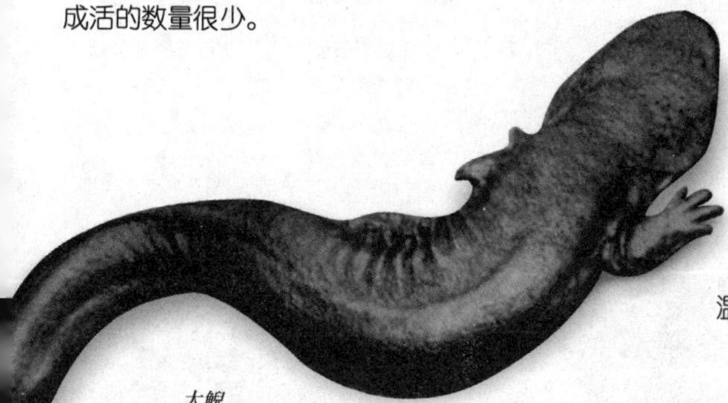
大鲵

世界上最大的两栖动物——大鲵 大鲵比蛙类、蟾类等其他两栖类动物大好几倍，是世界上最大的两栖动物。在已经发现的大鲵中，最长的差不多有两米。大鲵的身体又宽又扁，全身光滑湿润，在水中看上去黑油油的。因为它们啼叫的声音特别像小孩，所以又被称为“娃娃鱼”。

䲟鱼

爬行动物之最

爬行动物是最早适应干燥陆地生活的脊椎动物，也是进化十分成功的一类动物，大约有6000种。生活在陆地上的爬行动物在进化中获得了干燥、多鳞且具有水密性的皮肤，从而解决了防止身体失水的问题。它们的卵由坚韧的卵壳保护着，这使它们产在干燥陆地上的卵可以存活下来。蛇、蜥蜴、乌龟、海龟及鳄鱼都属于爬行动物。

世界上最大的爬行动物——咸水鳄　咸水鳄是鳄鱼的一种，外形像蜥蜴，体长一般在5米左右，头部扁平，主要生活在温暖湿润的海滨。巨型咸水鳄以小袋鼠、猫、狗、猪等为食，有时还会袭击人类，是一种危险的动物。人类迄今捕捉到的最长的咸水鳄有8米多长。

鳄鱼

世界上最原始的爬行动物——斑点楔齿蜥　斑点楔齿蜥的进化程度几乎跟生活在2亿年以前的爬行动物差不多，是世界上最原始的爬行动物。这种蜥蜴只有在新西兰附近的几个海岛上才能找到，它们生长非常缓慢，往往要经过50年才能成熟，但能够活到120岁甚至更长。

鳄鱼长度排行榜

名称	长度（米）
咸水鳄	5～8
印度长吻鳄	6
尼罗鳄	5
美洲鳄鱼	5
美洲短吻鳄	4

古老的蜥蜴

蟒蛇

世界上最长的蛇——蟒蛇　目前世界上已知最长的蛇是在印度尼西亚西部苏门答腊岛的原始森林捕获到的一条蟒蛇。它长14.85米，体重447千克，凶猛异常，食量惊人，一次能够吞下一只羊。

世界上最会变色的蜥蜴——避役　避役俗称变色龙，是爬行动物的一种，主要生活在非洲大陆和马达加斯加岛。避役是最会变色的蜥蜴，它们的皮肤里有多种色素，受神经系统控制。当外界环境改变，比如光线、温度改变，或者受到惊吓时，避役就会变成与环境相协调的绿色、黄色或深棕色，以此来保护自己不受伤害。

避役

世界上毒性最强的蛇——海蛇　海蛇是一种生活在海洋中的爬行动物，和陆地上的眼镜蛇有着密切的亲缘关系。海蛇毒是一种神经毒素，其毒性是氰化物的80倍，中毒后如果抢救不及时，最终会死于心脏衰竭。

海蛇

世界上寿命最长的动物——海龟　海龟是海洋中龟类的总称，它们是世界上寿命最长的动物。海龟长得又大又笨重，食量大而活动缓慢，可以饿上数年而不死。据记载，寿命最长的海龟活了152岁，不过又有研究说，已经发现的最年长的海龟有300多岁。

海龟

鸟类之最

鸟类为温血动物，最早出现于侏罗纪，是由古爬行动物进化而来的。鸟类是大自然中适应能力最强的动物之一。它们遍布全世界，从寒冷的极地冰原到炎热的沙漠戈壁，到处都有鸟类的身影。自然界中许多昆虫和某些脊椎动物都有飞行的能力，但鸟类的飞行能力最强。因此，它们能适应各种陆地环境，到遥远的地方觅食。

始祖鸟

鸟类飞行速度排行榜

名称	速度（千米/小时）
游隼	800（俯冲掠食时）
雨燕	160
鸭雁类	95～115
鹬	54.7～86
鸽	46
小型雀类	32.2～59.6

世界上出现最早的鸟——始祖鸟　始祖鸟是地球上出现最早的鸟，是现代鸟类的祖先。它们生活在距今约1.4亿年前的热带沙漠及热带岛屿上，其形体大小和今天的乌鸦差不多，长着翅膀和羽毛，嘴里有牙齿，翅膀前有爪子，还有长长的后肢和尾椎骨。据推测，它们是由中生代的爬行动物进化而来的。

世界上现存最大的鸟——鸵鸟　非洲鸵鸟生活在广阔的非洲沙漠和草原上，最高可达3米，最重的有156千克，是世界上现存最大的鸟。一只鸵鸟蛋有1.5千克重，也是当今世界上最大的鸟蛋。因为鸵鸟太重了，所以它们不会飞，但却善于奔跑，其奔跑速度最高可达70千米/小时。

世界上形体最小的鸟——蜂鸟　拉丁美洲的蜂鸟是世界上体形最小的鸟，它们比黄蜂还小，蛋只有黄豆那么大。蜂鸟还是世界上每秒钟振动翅膀次数最多的鸟，最快时可达50次/秒。它们不但能直上直下飞，甚至能倾斜着或是倒着飞。蜂鸟的嘴又细又尖，舌头像一根细长的管子，可以卷起来，吸食花粉。蜂鸟经常在花丛中飞来飞去，一边用细长的嘴取食花蜜，一边为花朵传播花粉。

蜂鸟

鸵鸟

世界上嘴巴最大的鸟——巨嘴鸟 生活在阿根廷和墨西哥的热带森林中的巨嘴鸟是世界上嘴巴最大的鸟，它们的体长一般为60厘米，嘴巴的长度却达到了24厘米。巨嘴鸟的嘴外面是一层壳，中间是充满空气的海绵状骨质组织，所以它们的嘴虽然很大，重量却很轻，最重的还不到30克，因此，嘴对巨嘴鸟来讲没有太大负担。巨嘴鸟以果实、植物种子和昆虫为食，有时也捕食小鸟。它们通常住在树洞里，一次大约能产下2～4枚卵。

巨嘴鸟

天鹅

世界上飞得最高的鸟——天鹅 天鹅是一种生活在湖边和沼泽地中的大型水鸟，长着优雅的长颈，美丽而端庄。它们能飞越地球上的任何高峰，是世界上飞得最高的鸟。当它们成群结队向南方迁徙时，能以9144米的高度飞越珠穆朗玛峰，而生活在尼罗河的天鹅甚至能在17000米的高空盘旋。

世界上最耐寒的鸟——企鹅 企鹅主要生活在南极洲，是所有鸟类中最能适应酷寒天气的鸟。企鹅全身胖乎乎的，走路摇摇晃晃，像穿着燕尾服的绅士。它们全身长着重叠而又细小的、不含油的羽毛，羽毛下面还有柔软的绒毛，再加上皮下还有一层厚厚的脂肪，使它们可以安然地生活在寒冷的南极。

几维

企鹅

世界上产蛋最大的鸟——几维 几维又叫无翼鸟，它们不但不会飞，而且连翅膀也没有，只能靠一双粗短的腿快速奔跑。几维的大小和普通母鸡差不多，胖胖的身子上长满了褐色的羽毛。几维一两年才下一次蛋，每次下一两枚，虽然它的个头与母鸡差不多，但它下的蛋却比鸡蛋大5倍，是世界上产蛋最大的鸟。

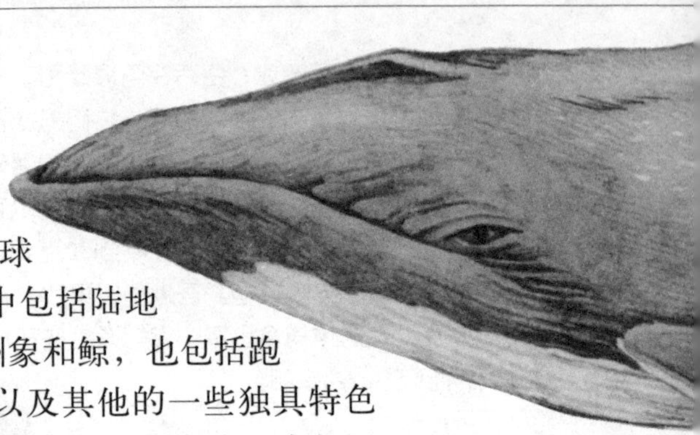

哺乳动物之最

哺乳动物的适应能力非常强，从陆地到海洋，从热带到寒带，地球上的各个地方都有它们的身影，其中包括陆地上和海洋里最大的哺乳动物——非洲象和鲸，也包括跑得最快的猎豹、脖子最长的长颈鹿以及其他的一些独具特色的动物。虽然它们从外形到习性差别都很大，但却有一个相同点——都用乳汁来哺育幼仔。

世界上最原始的哺乳动物——鸭嘴兽 鸭嘴兽出现在1.8亿年前，是地球上现存最原始、最低等的哺乳动物，也是唯一一种生蛋后孵化幼仔的哺乳动物。鸭嘴兽生活在水里，是从鸟类到哺乳类之间的过渡类型，在学术研究上有十分重要的价值。

鸭嘴兽

动物奔跑速度排行榜

名称	奔跑速度(千米/小时)
猎豹	100
瞪羚	80
狮子	80
斑马	70
北美野兔	70

非洲象

陆地上最大的哺乳动物——非洲象 非洲象是陆地上最大的哺乳动物。人们曾发现过一只非洲公象，肩高约3.5米，体重达6～7吨，是有记载的最大的非洲象。通常情况下，生活在草原上的非洲象重一些，而生活在森林里的非洲象则轻一些。雄非洲象的大牙约有3米多长，100千克重。

世界上跑得最快的哺乳动物——猎豹 猎豹主要生活在非洲大草原上，是动物界的短跑冠军，其奔跑时的瞬间最高时速可以达到100千米。猎豹之所以能快速奔跑，是因为它的腹腔较小，躯干部分的弹性较好，能直接参与奔跑。

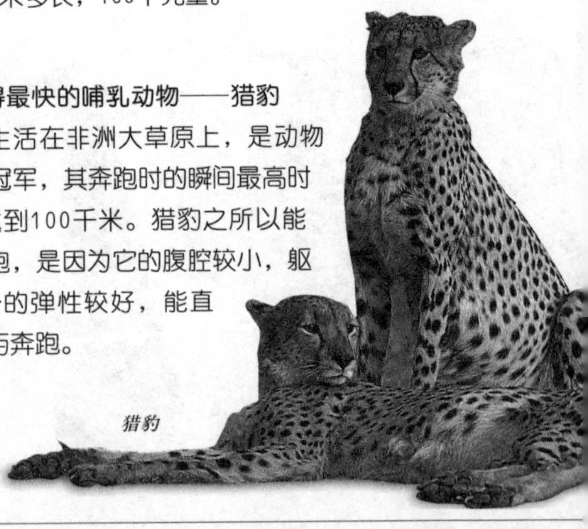

猎豹

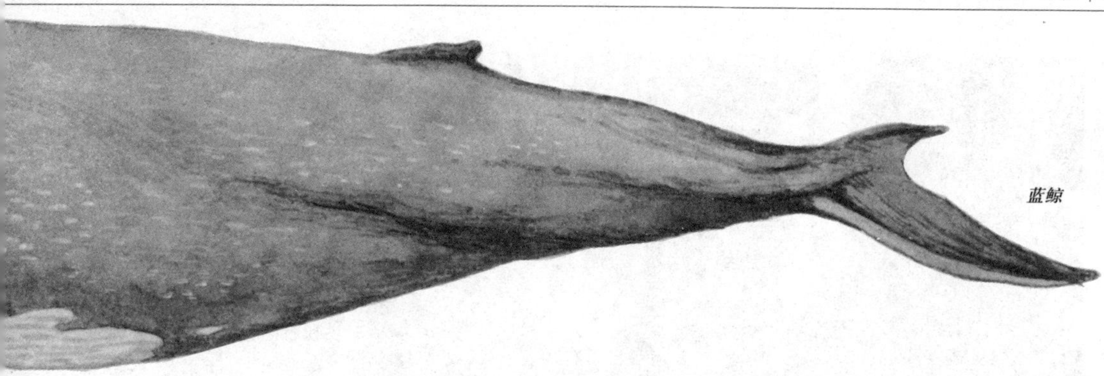

蓝鲸

世界上最大的哺乳动物——蓝鲸　蓝鲸生活在大洋中，是目前世界上最大的哺乳动物。蓝鲸刚出生的时候就已经有6～8米长了。成年蓝鲸的体长约为33.5米，体重约190吨，是非洲象的30倍。光是它的舌头就有3米多厚，比一头大象还重，上面可以站50个人。蓝鲸的心脏有一辆小汽车那么大。它在海面上出现的时候，就像一座黑色的小山。

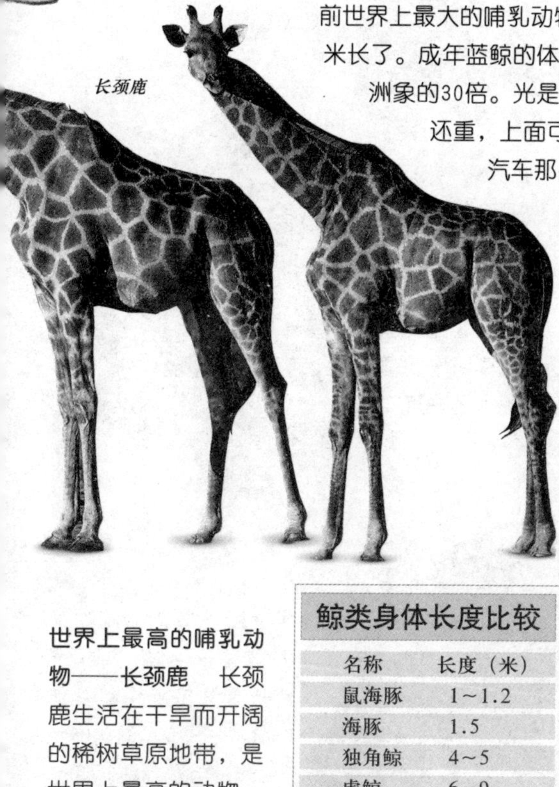

长颈鹿

世界上最高的哺乳动物——长颈鹿　长颈鹿生活在干旱而开阔的稀树草原地带，是世界上最高的动物，刚出生的长颈鹿站起来就已有1.8米高了。目前，世界上有记录的最高的长颈鹿有6米多高。

鲸类身体长度比较

名称	长度（米）
鼠海豚	1～1.2
海豚	1.5
独角鲸	4～5
虎鲸	6～9
突吻鲸	3～10
灰鲸	12
抹香鲸	18.5
露脊鲸	19
蓝鲸	33.5

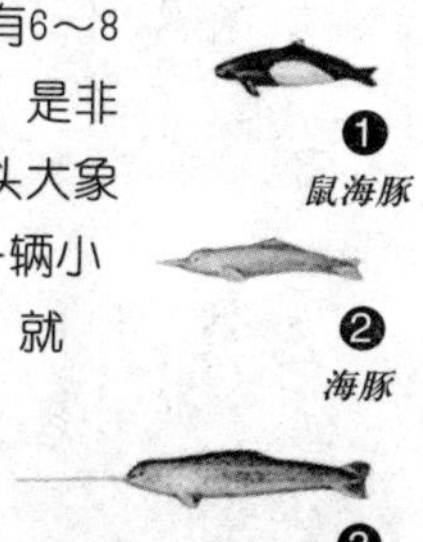

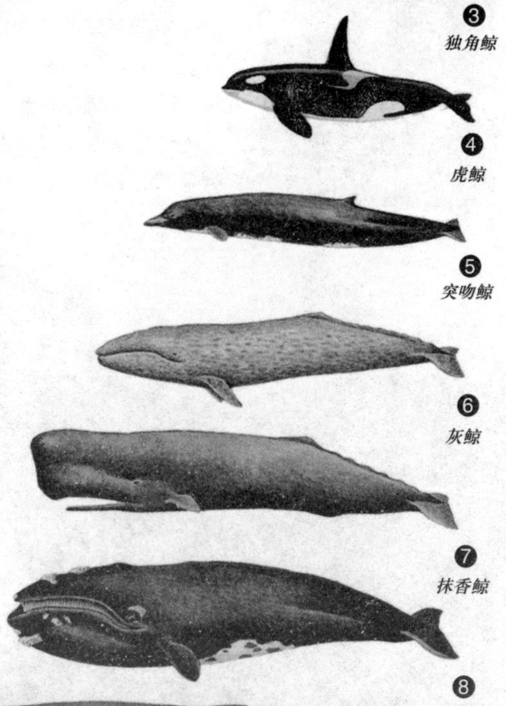

鲸类身体长度的比较

正在水里游泳的东北虎

世界上皮毛最保暖的动物——北极熊 北极熊生活在冰天雪地的北极，是世界上皮毛最保暖的动物。小北极熊出生几个月，皮下脂肪层就能长到7厘米厚，身体上面也会长出浓密的绒毛和粗厚的保护毛。因此，在零下几十度的寒风中，它们仍能活动自如。

东北虎

世界上体形最大的虎——东北虎 东北虎是世界上体形最大的虎，平均体长在2.8米左右，体重可达350千克，主要分布在中国东北的小兴安岭、长白山区以及俄罗斯的西伯利亚地区。自20世纪初以来，因为环境的恶化和人类的捕杀，东北虎的数量急剧减少，目前国际上已将其列为濒危动物。

北极熊

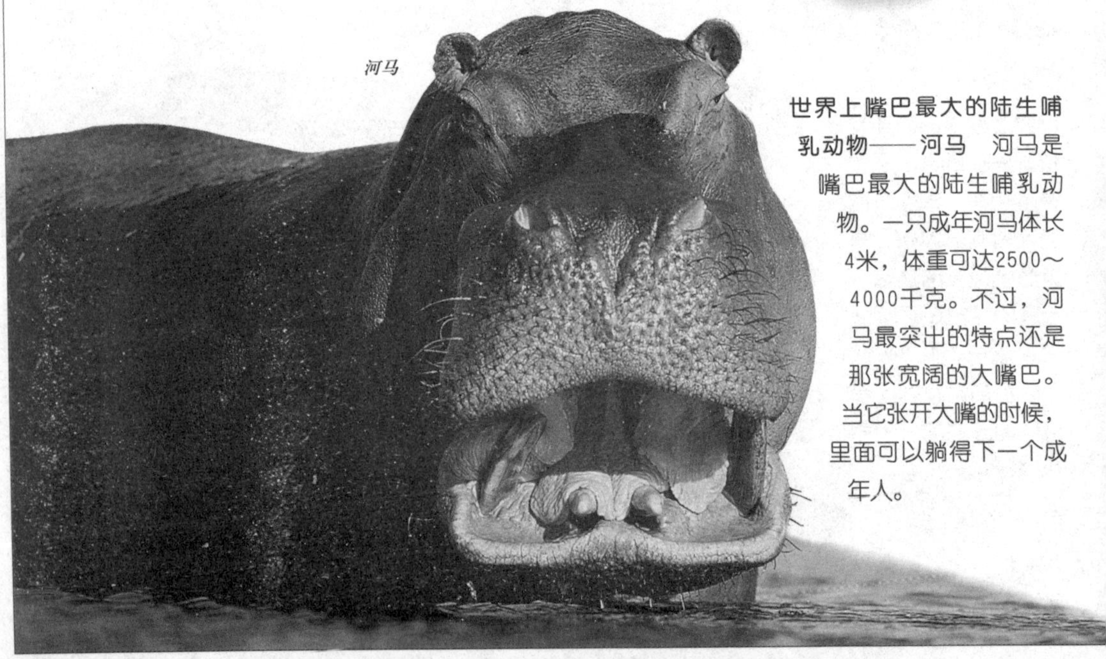
河马

世界上嘴巴最大的陆生哺乳动物——河马 河马是嘴巴最大的陆生哺乳动物。一只成年河马体长4米，体重可达2500～4000千克。不过，河马最突出的特点还是那张宽阔的大嘴巴。当它张开大嘴的时候，里面可以躺得下一个成年人。

食肉动物排行榜

动物	体重（千克）	体长（米）
虎鲸	9000	6~9
大白鲨	3300	4.5
海象	2300	5
斯特勒氏海狮	1000	3.3
北极熊	900	2.6
科迪亚克棕熊	750	3
河口鳄鱼	450	7
灰熊	400	2.5
东北虎	350	3
狮子	250	3

世界上眼睛所占身体比例最大的哺乳动物——眼镜猴 眼镜猴生活在印度尼西亚苏门答腊岛南部以及菲律宾的一些海岛上，是眼睛所占身体比例最大的哺乳动物。眼镜猴的身长约9～15厘米，但眼睛的直径却有1.7厘米，每只眼睛重达3克，比它们的脑子还要重。

眼镜猴

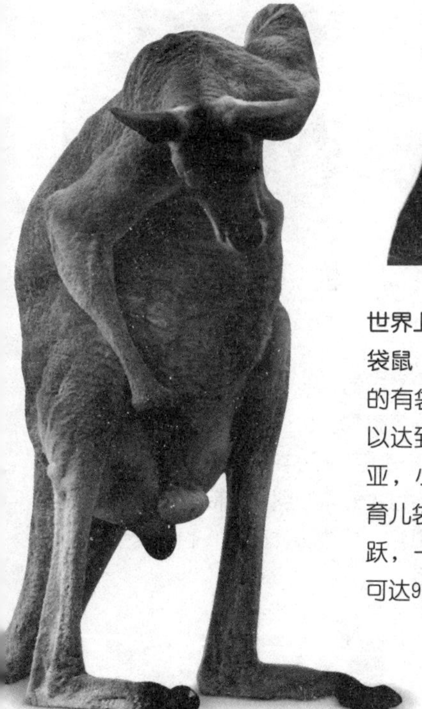
大袋鼠

黑猩猩

世界上体形最大的有袋类动物——大袋鼠 大袋鼠是世界上现存体形最大的有袋动物，体长1.6米，站立时可以达到2米。它们主要生活在澳大利亚，小袋鼠出生后在雌袋鼠腹部的育儿袋里靠吃奶长大。大袋鼠善于跳跃，一般可跳3米远，奔跑时每一跳可达9米以上。

与人类亲缘关系最近的哺乳动物——黑猩猩 黑猩猩是与人类亲缘关系最近的动物，它们有99%的基因与人类完全相同。黑猩猩生活在非洲的热带雨林以及草原的边缘地区，性情温驯，喜欢群居，能用各种姿势表达复杂的思想感情，还会使用简单的工具。据测定，黑猩猩的智力相当于两三岁的小孩。

海豚

世界上最聪明的动物——海豚 海豚是世界上最聪明的动物，比人类的近亲黑猩猩还要聪明。黑猩猩需要几百次训练才能学会的技艺，海豚只要二十几次就能学会。科学研究发现，海豚的大脑占身体的比重仅次于人，脑细胞十分发达，这也是它们能学会许多高难度动作的原因。

农作物之最

农作物指农业上栽种的各种植物，包括粮食作物，如小麦、大麦、水稻等；油料作物，如芝麻、蓖麻等；以及麻类、糖料、茶树、花卉、桑树、烟草、棉花、中药材、草类、绿肥、食用菌等作物以及橡胶等热带作物。农作物既是人类的衣食之源，也与人们的日常生活息息相关。

农作物生长年代排行榜

农作物	年代（公元前）
豌豆	9000
小麦	7000
黑麦	6500
扁豆	5000
大麦	5000
生菜	4500
萝卜	3000
水稻	3000

花生

世界上结果习性最奇特的植物——花生 世界上结果习性最奇特的植物是花生。陆地上的其他植物，几乎都在地上开花、地上结果，而花生则是在地上开花，地下结果，所以人们又叫它“落花生”。而且，花生一定要在黑暗的环境里，它的果实才能长大。如果暴露在有光的空气中，它就不结果。

大豆

世界上含植物蛋白质最多的农作物——大豆 蛋白质是维持生命不可缺少的营养素，大豆是世界上含植物蛋白质最多的农作物。每100克大豆中含蛋白质36.3克，相当于植物中的肉类。以大豆为原料加工制成的豆制品，如豆腐、豆浆、豆腐乳、豆豉等，都是人们日常生活中不可缺少的营养食品。

豌豆

世界上最古老的农作物——豌豆 豌豆距今已有1.1万年的历史，是世界上最古老的农作物。豌豆原产于欧洲南部、地中海沿岸以及西亚地区，是攀缘植物的一种。豌豆在欧美国家种植比较普遍，我国是从汉朝时开始种植豌豆的。豌豆颜色似翡翠，形状似珍珠，含有丰富的维生素A、维生素B和铁质，具有益气、止血、消肿和帮助消化的作用。

油料作物含油率排行榜

作物名称	含油率（%）
椰干	65～70
芝麻	53
蓖麻籽	50
油棕仁	50
花生仁	45～55
油桐籽	35
油菜籽	30～50
棉籽	33～45
向日葵	25
大豆	16～22

世界上纤维品质最好的植物——苎麻 苎麻的纤维细胞特别长，最长能达到250毫米，坚韧而富有光泽，染色后不容易褪色。另外，苎麻纤维的强度很大，要比棉花高8～9倍，可以做飞机翼部和降落伞的原料以及制造帆布、麻绳、手榴弹拉线等。此外，苎麻纤维不容易导电，吸湿和散湿快，传热和散热也快，因此也是制造防雨布、渔网、电线包皮的好材料。

苎麻非常坚韧，是制造降落伞的原料。

茶园

世界栽种茶树最早的地区——广西 我国的广西地区已有2000余年栽种茶树的历史，是世界上栽种茶树最早的地区。据史料记载，西汉时，就有人在广西、云南、四川一带栽培茶树，后来才陆续扩展到其他地方。

世界上最耐旱的农作物——粟 粟又名小米，古代叫禾，中国北方通称谷子，去壳后叫小米。粟原产于中国，约有8千多年的栽培历史。粟性喜温暖，适应性强。农谚“只有青山干死竹，未见地里旱死粟”，充分说明粟的抗旱能力超群。它既耐干旱、贫瘠，又不怕酸碱，所以在中国南北干旱地区、贫瘠山区都有种植。粟是由野生的“狗尾草”选育驯化而来的，现多分布在中国黄河中下游地区、东北、内蒙古等地。

粟

小麦

世界上播种面积最大的农作物——小麦 小麦是人类最早种植的粮食作物之一。在古埃及的石刻中，已有栽培小麦的记载，而且人们还从古埃及金字塔的砖缝里发现了小麦。据考古学家研究，大约在1万年前，当人类还住在洞穴里的时候，就开始把野生的小麦当成食物了。地球上小麦播种的总面积居粮食作物播种总面积的第一位，全世界有1/3的人口以小麦为主食。

树木形态之最

树木是陆地植物中最高、最大的生态类群。它们不仅能净化空气、美化环境，还能为人类提供木材。在这些形态各异的树木中，有最高的大洋洲杏仁桉树、树干最粗的波巴布树，还有树冠最大的榕树、体积最大的美国加利福尼亚巨杉等。

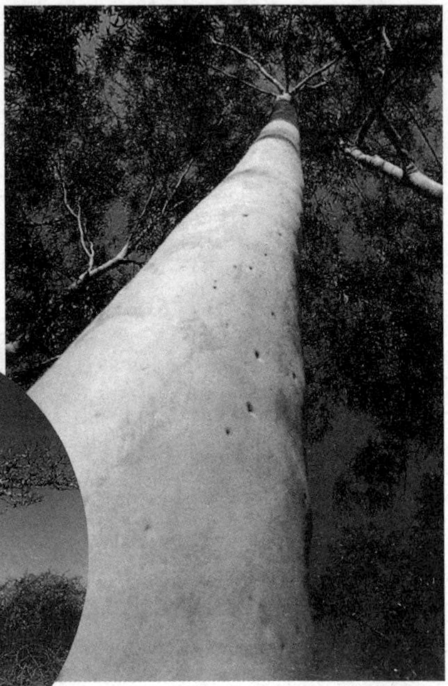

高耸的桉树

波巴布树

世界上最粗的树——波巴布树 在非洲的热带草原上，生长着一种奇怪的树，高度只有10米左右，树干却可以达到15米，树干基部的周长更是达到50米，要十几个人才可以合抱过来，这就是波巴布树，世界上最粗的树。波巴布树的果实甘甜多汁，是猴子最喜欢的美味，因此人们也称它为猴面包树。

世界上最矮的树——矮柳 矮柳生长在高山冻土地带，是世界上最矮的树。为了适应恶劣的生存环境，矮柳的茎只能匍匐在地面上生长，抽出细小的枝条，开出像杨柳一样的花。它们一般只有3～5厘米高，长得比当地的蘑菇都要矮小。

椰子树

世界上最高的树——大洋洲杏仁桉树 大洋洲杏仁桉树一般高达100米，其中最高的一棵高达156米，有50层楼那么高，是人类已经测量过的树木中最高的一棵。大洋洲杏仁桉树的树干直径并不是很粗，而是向上越长越细，枝和叶子密集地生长在树的顶端。大洋洲杏仁桉树的叶子长得很奇怪，它和地面垂直，侧面朝天，像挂在树枝上一样，与阳光的投射方向平行。原来，这种古怪的长相是为了适应当地气候干燥、阳光强烈的环境，减少阳光直射，防止水分蒸发。

世界上叶子最长的树——长叶椰子树 生长在热带地区的长叶椰子树是迄今为止人类所知道的叶子最长的树。它的一片叶子可以达到27米长，竖起来有7层楼房那么高。

世界上根长得最深的树 世界上根长得最深的树，是长在南非奥里斯达德附近的一株无花果树，这株无花果树至今仍在旺盛地生长着，它的根深入地下已有120多米，若将其挂在空中，足有40层楼房那么高。这是目前为止有记录的长得最深的树了。

独木成林的榕树

世界上树冠最大的树——孟加拉榕树 孟加拉有一种榕树，一棵树的树冠就可以覆盖约1万平方米的土地，相当于一个半足球场那么大，树下能容纳7000人一起乘凉。榕树由树枝向下生出许多气根，一棵榕树最多可有4000多条气根，远远望去，就像一片树林。因此，当地人称这种孟加拉榕树为“独木成林”。

桫椤

世界上树形最奇特的树——桫椤 桫椤树主要生长在热带、亚热带的森林中。它们的树干好似笔筒，树叶似孔雀开屏，枝叶繁茂，四季常青，非常美观。桫椤曾经是中生代侏罗纪草食性恐龙的主要食物，也是如今唯一能长成大树的蕨类植物，因此又名“树蕨”。

树木高度排行榜（有测量记录的）

树名	所在国家	高度（米）
杏仁桉树	澳大利亚	156
花旗松	美国	126.5
花楸	澳大利亚	114
红木树	美国	112

世界上体积最大的树——美国加利福尼亚巨杉 巨杉又叫美洲红杉，一般高100米左右，长得又高又胖。虽然它没有大洋洲杏仁桉树那样高，但却要比它粗得多，因此，巨杉的体积也就比杏仁桉树大得多。巨杉的寿命很长，一般能活两三千年，所以，巨杉又被人们称为“世界爷”。世界上最大的一棵巨杉生长在美国加利福尼亚，树干有142米高，直径有12米，周长为37米，需要二十来个成年人才能抱住它。人们从树干下部开了一个洞，洞内可以通过汽车。即使把树锯倒以后，人们也要用长梯子才能爬到树干上去。

“世界爷”

花之最

显花植物拥有真正的花，这些美丽的花朵不仅能传授花粉、产生种子以使植物进行繁殖，而且为我们装扮出五彩缤纷的世界。在这个美丽的世界中，有花朵最大的大王花，品种最多的月季花，最不怕冷的雪莲花等各式各样堪称世界之最的花。

大王花

世界上颜色和品种最多的花——月季花 全世界有上万种月季花，它们的颜色多种多样，有红色、橙色、黄色、紫色，还有混色、镶边以及罕见的蓝色和咖啡色等，是世界上颜色和品种最多的花。现代的月季花多是经过多次杂交、长期选育而来的，品种更是数不胜数。

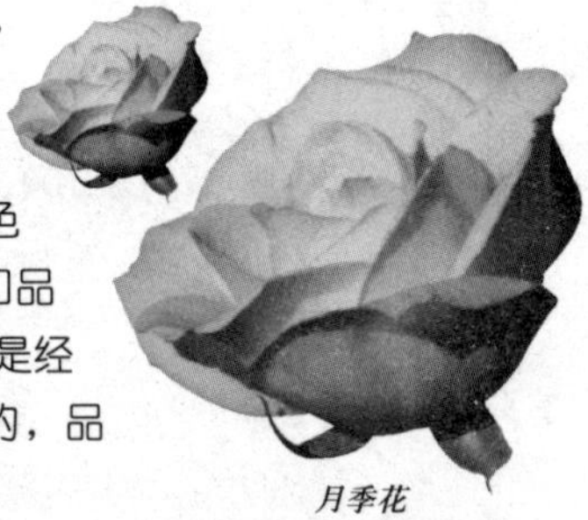

月季花

世界上花朵最大的花——大王花 生长在印度尼西亚热带森林里的大王花是世界上花朵最大的花。大王花一生只开一朵花，通常情况下，花的直径有1米左右，最大的直径可达1.4米；花瓣有5片，又大又厚，每片长约30厘米；整个花冠呈鲜红色，上面还有一些白色斑点。

雪莲花

世界上最不怕冷的花——雪莲花 世界上最不怕冷的花是雪莲花。这种花即使在−50℃、海拔5000米的高山上也能盛开，而且开花期长达七八个月。雪莲的叶子很密，就像白色的长棉毛，白天利于吸热，晚上利于保暖。另外，它们植株内的汁液含糖量很高，具有防冻的作用。

世界上寿命最长和最短的花——双叶草兰花和小麦花 世界上寿命最长的花是生长在热带森林里的双叶草兰花，它能开放70～80天。它的寿命比世界上寿命最短的小麦花的寿命长4000倍。小麦花仅仅开放5～30分钟就凋谢了。

世界上最毒的花——罂粟花 世界上最毒的花是罂粟花，虽然它的毒性不是很大，但是在世界上成千上万种的有毒植物中却名气最大。因为它们未成熟果实的果皮中含有一种与众不同的乳汁，可以用来制成鸦片和海洛因等毒品，所以成为人类社会的“公敌”，罂粟花也成了最毒的花。

西葫芦花

罂粟花

世界上花粉最大的花——西葫芦花 西葫芦花拥有世界上最大的花粉。植物的花粉一般只有借助显微镜才能看清，而西葫芦的花粉直径有200微米，分布在黄色的花冠里。如果一个人的视力很好的话，甚至可以只靠肉眼就能看见单粒的西葫芦花粉。

松树花靠风传播花粉，花粉能飘到几千米之外的地方。

花粉飘得最远的花——松树花 松树花拥有世界上飘得最高、最远的花粉。松树靠风来传播花粉，它的花粉内生有一种奇特的气囊，这种气囊能够帮助花粉飞行，使花粉升高到几千米的空中，飘到几千米之外的地方。据资料显示，北欧松树的花粉竟然可以飘到600多千米之外的格陵兰岛。

草之最

草是指茎内木质部不发达，木质化细胞较少的植物。草的植株一般比较矮小，茎干比较柔软，遍布世界的各个角落，使人类生存的环境变得生机勃勃。在种类众多的草中，有分布最广的狗牙根草、价格最昂贵的黑节草，还有世界上最精巧的食虫植物猪笼草等。

猪笼草

世界上最精巧的食虫植物——猪笼草 猪笼草主要分布在澳大利亚、马来西亚、印度东部以及中国的海南岛、西双版纳等地，是世界上最精巧、最复杂的食虫植物。猪笼草的捕食工具是它的叶子。叶子分为叶柄、叶身和卷须三部分。卷须的顶部生有一个像瓶子一样的囊，瓶子口上有一个能开合的盖子。瓶口能分泌又甜又香的汁液，小昆虫常常被瓶口分泌出汁液所诱惑，正当它们吃得高兴的时候，突然脚下一滑，一头栽到瓶中，随后便被瓶中分泌的消化液逐渐消化了。

含羞草

世界上最能预测地震的植物——含羞草 含羞草一般高30～50厘米，叶子很小，成对排列。含羞草对环境的变化很敏感，平常只要一碰它的叶子，叶片便会自动闭合，甚至叶柄也垂下来。在大地震来临前，含羞草的叶子会一反常态地白天闭合，晚上半开或全张开，提醒人们及早采取防震措施。

毛毡苔

世界上感觉最灵敏的草——毛毡苔 毛毡苔也叫日露草，主要生长在热带和温带地区，其中属大洋洲最多。毛毡苔是一种食虫植物，它的叶片上长满紫色的腺毛，能分泌香甜的黏液，它就是靠这些黏液来诱惑贪吃的小虫的。毛毡苔的感觉特别灵敏，有人把一段长11毫米的细头发丝放在它的叶子上，叶子马上卷曲起来，把头发按住。最令人惊奇的是，毛毡苔的叶片甚至能感觉到0.000003毫克的碳酸铵的刺激！

结荚的跳舞草

世界上最会“闻乐起舞”的草——跳舞草 跳舞草原产于中国云南，又名情人草。它的触觉特别灵敏，当音乐响起时，跳舞草的叶子就会随音乐的旋律而上下跳动，翩翩起舞。音乐停止时，它也就立刻停止跳舞，是人们公认的最会“闻乐起舞”的草。

世界上价格最昂贵的草——黑节草 黑节草原产于中国云南，生长在阔叶林中，只有十几厘米高，但有很多节，节间为黑褐色。黑节草的茎干能清热生津、消炎止痛、清嗓润喉，对治疗嗓音嘶哑有很好的疗效，因此深受演员、歌唱家和教师们的喜欢。国际市场上，有一种用黑节草加工制成的中药，每千克售价为3000多美元，黑节草也因此成为世界上价格最昂贵的草。

世界上分布最广的草——狗牙根草 狗牙根草广泛分布在温带、亚热带地区，包括加拿大、阿根廷、新西兰、南非、日本、法国、科西嘉岛等国家和地区。在水沟边、路旁、草地、农田等地随处可见。狗牙根草喜欢光热，抗旱耐热能力强，耐践踏，具有良好的恢复能力。另外，狗牙根草侵占性很强，对养护管理要求不高，在轻盐碱地上也生长较快，因此，被广泛应用于高速公路、广场、公园等绿地。

黑节草清嗓润喉，深受歌唱家们的喜爱。

狗牙根草耐践踏，是铺设体育场草坪的首选草种。

世界上最耐盐碱的草——盐角草 盐角草又名海蓬子，生长在中国西北和华北的盐土中。它能在含盐量高达0.5%～6.5%的潮湿盐沼中生长，而普通植物在含盐量超过1%以上的土壤里就很难生存。盐角草之所以如此耐盐碱，是因为它能将从盐碱地里吸收的大量盐碱贮存在身体内的盐泡里。

竹子之最

竹子是世界上最高、最坚韧的禾本科植物，主要生长在亚洲、亚马孙森林和安第斯山脉中。竹子有木质化的茎，茎干上有明显的节，节间中空。竹子的家族种类众多，生长在中国的种类大约就有300种，常见的有毛竹、刚竹、慈竹、沙罗竹等。竹子的用途非常广泛：茎干可用来建筑、造纸、编织用具；竹笋可做成鲜美的菜肴；有的种类还可作为观赏植物。

毛竹

慈竹

世界上长得最快的竹子——毛竹 毛竹也叫楠竹，主要分布在中国长江以南地区。毛竹从出笋到竹子长成，只要两个月的时间，就可以达到20米，大约有六七层楼房那么高。在生长高峰期，毛竹一昼夜就能长高1米，是世界上长得最快的禾本植物。

世界上节间最长的竹子——沙罗竹 沙罗竹是一种大型丛生竹类，高9～12米，直径8厘米左右，长圆形的叶子呈披针状，竹壁韧性好，适合编织凉席等器具。沙罗竹竹节间长度可达60～80厘米，云南西双版纳傣族泼水节期间所放的“高升”，就是用沙罗竹做的。

用沙罗竹编织的工艺品

世界上栽培最广的竹子——慈竹 慈竹竹秆高5～10米，直径4～8厘米，每节长可达60厘米，竹壁很薄，竹质柔软，材质较轻，用慈竹劈成的竹条可以用来制作风筝上的直杆。慈竹的生命力极顽强，家前屋后只要有空地，栽下的慈竹都能成活并繁殖成茂密的一丛，因此，它成为世界上栽培最广的竹子。

世界上叶子最大的竹子——铁竹 世界上叶子最大的竹子是铁竹，因其竹材坚硬如铁，所以得名。铁竹的叶子一般长约35～60厘米，宽10厘米左右，最大的叶子长达60厘米，宽达20厘米，当地居民常把铁竹巨大的叶子当做盖房子的瓦片来用。

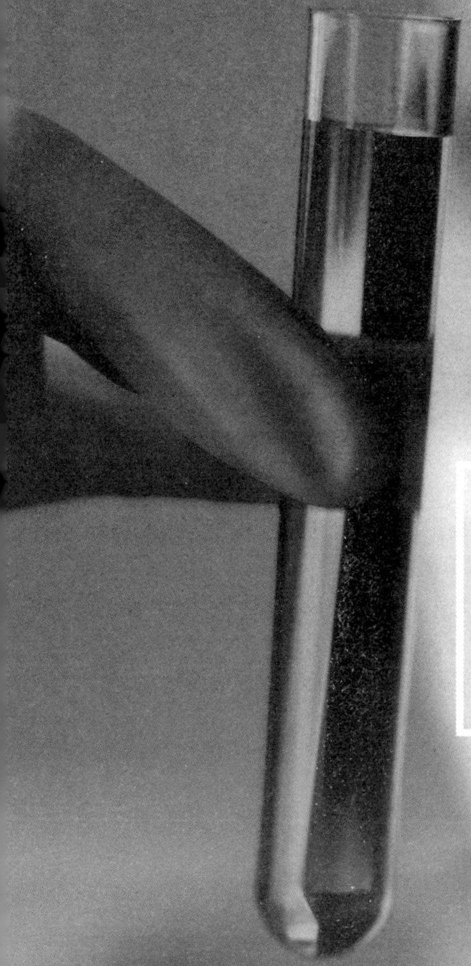

[第四章]

Part 4 人体之最

虽然我们每个人都很熟悉自己的身体，但就在这个我们自认为较熟悉的身体内却存在着许多令人意想不到的世界之最。你知道人体内最小的骨骼是哪一块吗？最大的细胞又是什么？最大的肌肉是哪一块？面积最大的器官又是哪一个？遭雷击次数最多的人是谁？体外存活的最小心脏到底有多大？……在本章里，你将会看到令你大开眼界的人体之最。

奇异的人体

人类的身体是由数十亿个微小的细胞组成的，种类相同的细胞汇聚在一起形成组织，组织又组合成器官，多个器官和组织在一个系统中协同工作，才能完成人体所需的特定的功能。16世纪，人类对人体进行了第一次精确解剖，从此以后，人们一步步深入地了解了自己奇异的身体，发现了身体中最大的肌肉、最小的骨骼以及人体内最多的细胞等许多与人体有关的世界之最。

人体的器官重量排行榜

器官	平均重量（克）
皮肤	11000
肝脏	1500
大脑	1400（男性）
肺	1100
心脏	300

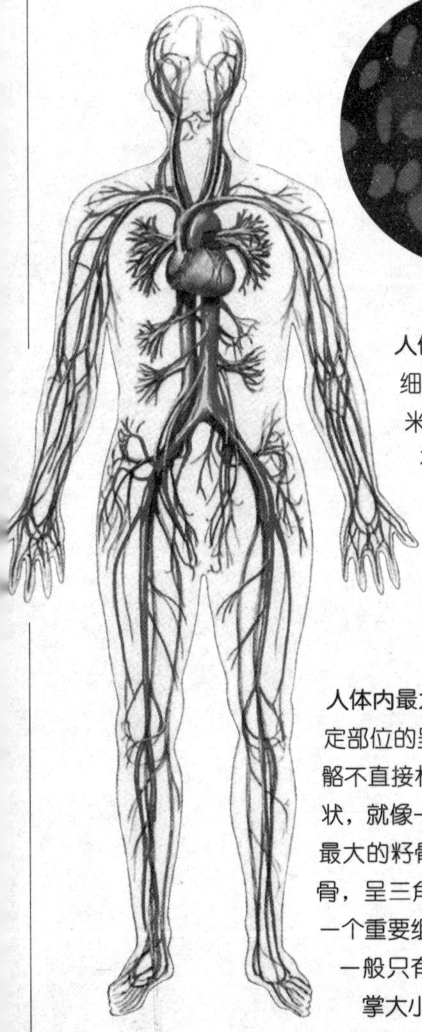

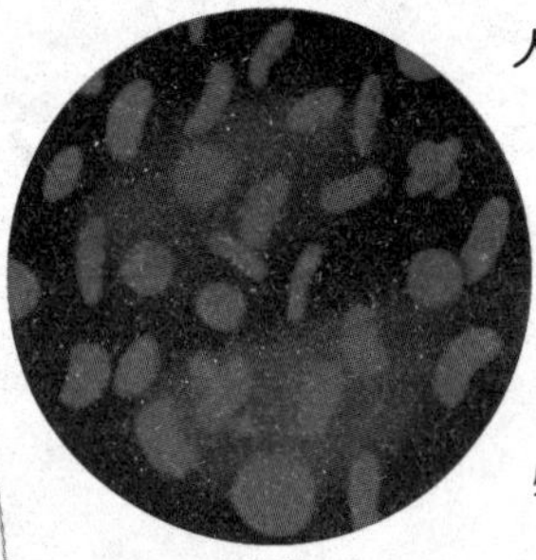

红细胞

人体内最多的细胞——红细胞 人体内最多的细胞是血液中的红细胞。以正常成年人来算，平均每升血液中，女性有3.5×10^{12}～4×10^{12}个，男性有4×10^{12}～5×10^{12}个。红细胞由骨髓产生，其主要功能是运输氧气到身体的各部位。红细胞中的血红蛋白是很好的携氧物，它的携氧量相当于血浆携氧量的60倍。

人体内最长的管道——血管 由动脉、静脉和毛细血管共同构成的血管网络的总长度超过10万千米，是人体内最长的管道。这个血管网使血液在心脏和身体各部位之间循环流动。动脉把血液从心脏输送到身体各部分，静脉把血液从身体各部分送回心脏。连通动静脉的是毛细血管。

膝盖骨呈三角形，是人体内最大的籽骨。

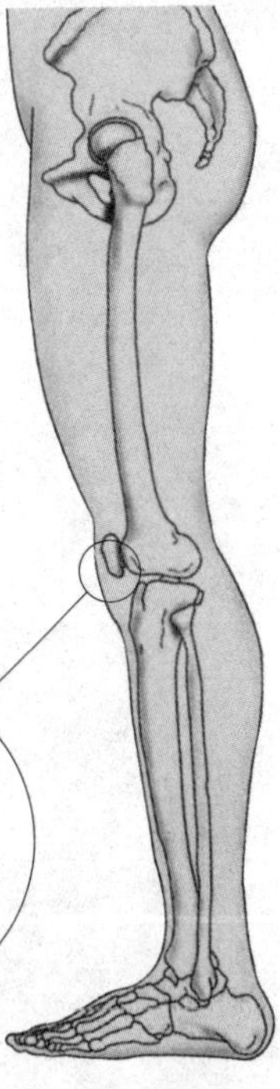

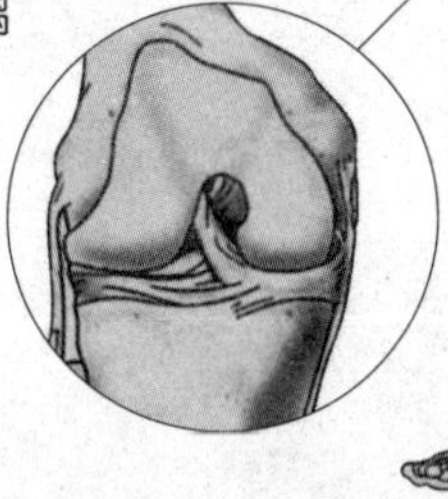

人体内最大的籽骨——膝盖骨 籽骨是位于人体某些特定部位的呈圆形或椭圆形的一种骨骼，因为它与邻近骨骼不直接相连，在X光片上看上去呈游离状，就像一粒种子，故称籽骨。人体中最大的籽骨是膝盖骨。膝盖骨又叫髌骨，呈三角形，底朝上，是膝关节的一个重要组成部分。人体中的籽骨直径一般只有几毫米，而髌骨却有半只手掌大小。

人体内最小的骨骼——镫骨 镫骨是人耳的三个听小骨之一，形状像马镫，位于鼓膜后面的中耳腔内，连接在一个极小的薄膜上，负责把振动传给内耳。镫骨只有2.6～3.4毫米长，重量仅为2～4.3毫克，是人体内最小的骨骼。

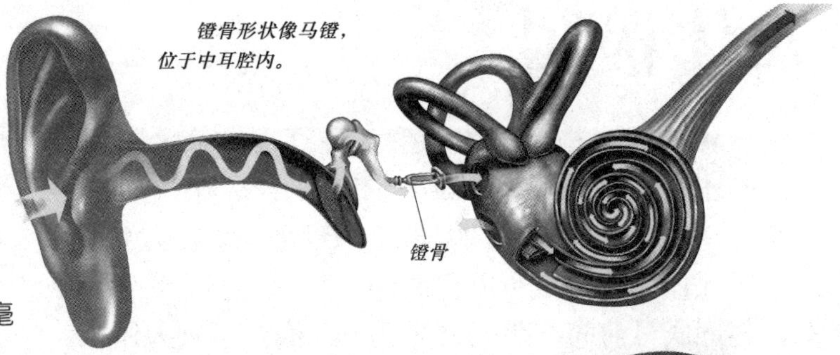

镫骨形状像马镫，位于中耳腔内。

人体内最大的细胞和最小的细胞——卵子和精子 人体内最大的细胞是女子的卵细胞，其直径约为0.2毫米。人体内最小的细胞是男子的精子，185000个精子细胞才抵得上一个卵细胞的重量。

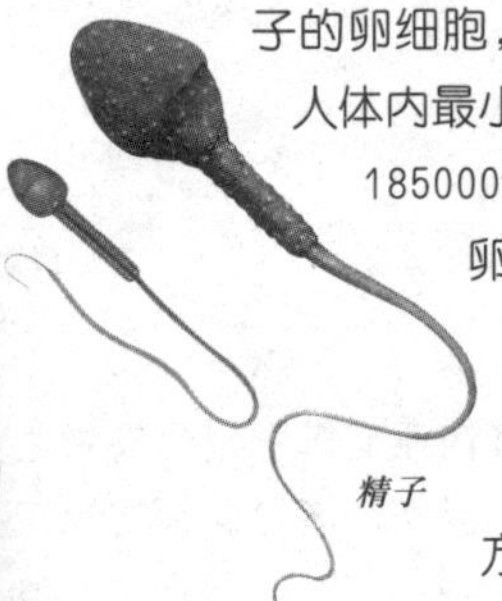

精子

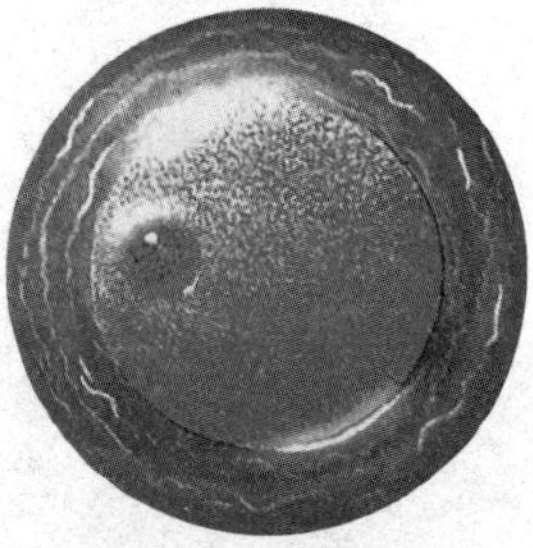

卵子

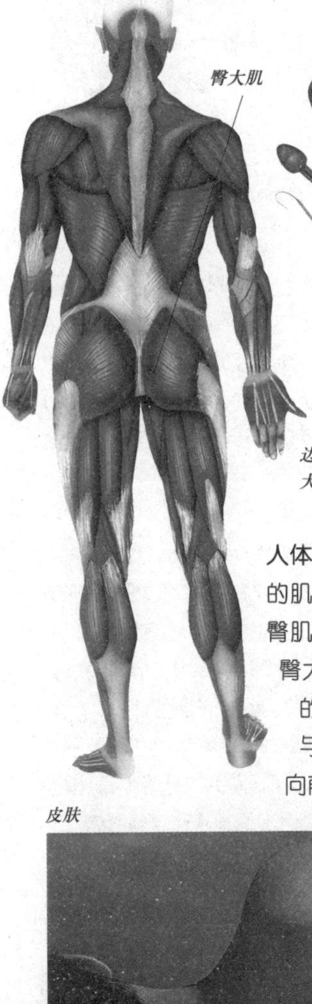

臀大肌略呈四边形，是人体内最大的肌肉。

人体内最大的消化器官——肝脏 肝脏位于腹腔右上方，是人体内最大的消化器官。当含有毒素的物质、死亡的红细胞和废物的血液到达肝脏时，就会被转换成胆汁，储存在胆囊里。消化食物时，胆汁进入十二指肠，分解脂肪，以使脂肪能够被吸收利用。

人体内最大的肌肉——臀大肌 臀部的肌肉由三部分构成，总称为臀肌。臀肌包括臀大肌、臀中肌和臀小肌。臀大肌是臀部，同时也是人体内最大的一块肌肉，它延伸至大腿以下，与臀中肌和臀小肌一起，帮助双腿向前迈步或使膝盖抬起。

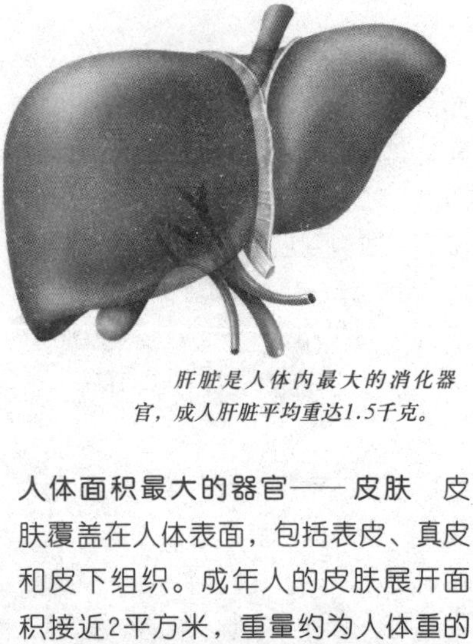

肝脏是人体内最大的消化器官，成人肝脏平均重达1.5千克。

皮肤

人体面积最大的器官——皮肤 皮肤覆盖在人体表面，包括表皮、真皮和皮下组织。成年人的皮肤展开面积接近2平方米，重量约为人体重的1/20，是人体面积最大的器官。人体最厚的皮肤在足部，厚达4毫米；眼皮上的皮肤最薄，只有1毫米。

人体极限

人体的极限是指人体承受各种打击的最大限度，这种打击包括意外伤害、疲劳、饥饿、干渴、酷热、严寒、缺氧和疼痛等多种因素。一般来说，在应急状态下，人体的极限是可以提高的，但它与多种因素有关，其谜底目前尚不能完全揭开。人们要了解人体极限，但又不可片面挑战极限，因为过度劳累、饥饿和寒冷等刺激对健康有害，甚至会带来生命危险。

合理的饮食和适度的运动是减肥的正确方法。

人如果被雷电击中，可能会导致死亡。

最快速的减肥 迄今为止，世界上最快速的减肥记录创造者是美国的保尔·穆·金麦尔曼。他在从1966年12月到1967年8月的8个月中，每天按规定饮食，只摄入125万～250万焦耳的热量，神速地将体重由220.9千克减至58.97千克，共减重161.93千克。

遭雷击次数最多的人 迄今为止，世界上已知遭雷击次数最多的人是美国的劳埃·沙利文，他是唯一被雷击7次而幸存的人。劳埃·沙利文是美国谢南多厄公园的护林员，他遭到雷击的时间分别为1942年、1969年、1970年、1972年、1973年、1976年和1977年。最严重的一次，他的左肩被烧焦并导致瘫痪。

心脏停止跳动最久被救活的人 迄今为止，世界上心脏停止跳动最久被救活的人是苏联的金塔拉斯·包劳斯卡斯。过去认为，如果心脏停止跳动4～6分钟，则病人就没有救活的可能。随着医学水平的提高，心脏停止跳动几个小时仍有可能救活，而金塔拉斯·包劳斯卡斯心脏停止跳动时间长达18天。

心脏是人体的重要器官。

体外存活的最小心脏 2003年6月5日，中国沈阳市妇婴医院生殖中心实验室取到一个怀孕52天的年轻女子人工流产的胚胎标本。在解剖显微镜的帮助下，医生从指甲大小的胚胎中取出已具备雏形的心脏，然后放到装有特制营养液的培养器皿里。令医生们惊喜的是，这颗独立的人类胚胎早期心脏奇迹般地成活了。这颗小心脏因其体积只有小米粒大小，被医生称为“米粒心脏”。经辽宁省科学技术情报研究所检索证实，这是人类首次培养成功的人类胚胎早期心脏的体外模型。同时，它也是在体外存活成功的最小心脏。

不进食时间最长的人 迄今为止，世界上已知不进食的最长时间是18天。1979年4月1日，奥地利人米哈维克由于一次交通事故被警方关进了政府大厦的监禁所里，但警方后来把他忘了。米哈维克在牢中滴水未进，奄奄一息，直到4月18日才被人们发现。

食物可以维持生命。

体温达到最高和最低的人 迄今为止，世界上已知体温达到最高的人是美国人琼斯。1980年盛夏，热浪席卷亚特兰大，琼斯的体温高达47.5℃，由于抢救及时，幸免于死。体温达到最低的人名叫玛丽·荅维丝，她身体的最低温度曾经只有16℃。

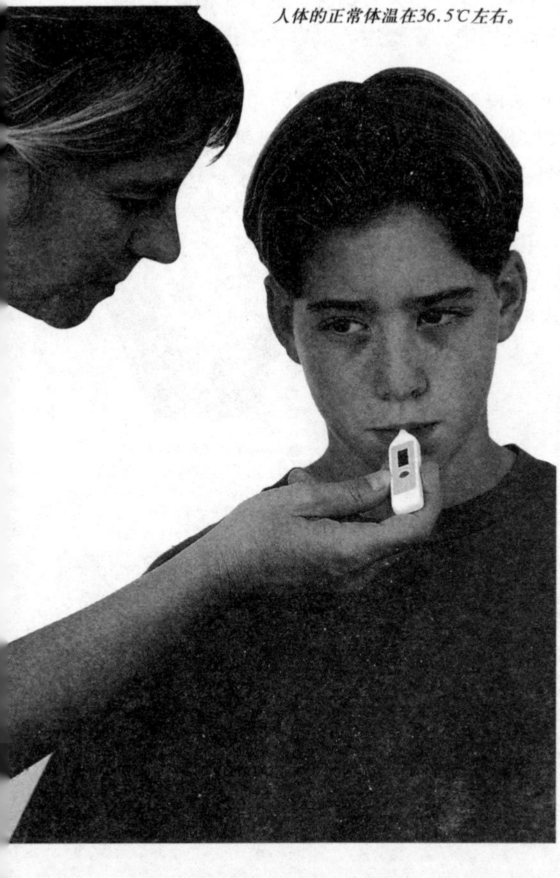

人体的正常体温在36.5℃左右。

血液

献血最多的人 迄今为止，世界上已知献血最多的人是法国的约瑟夫·爱尔马勒。他在1937～1978年间，先后共献血646次。一般来说，一个健康成年人的血液总量约有4500毫升左右，每次献血200～300毫升对身体健康不会有很大影响。

全身置于冰中坚持时间最长的人 2002年3月13日，在英国的伦敦，身穿游泳裤的荷兰人维姆·霍夫站在充满冰晶体的管子里，坚持了1小时6分4秒，创造了全身置于冰中坚持时间最长的世界记录。

人体极限一览

行为	结果
不吃饭，不喝水	能活5天左右
不喝水，只吃饭	能活1～2周
不吃饭，只喝水	能活40～50天
失血	1000毫升以上会死亡
不睡觉	100小时后出现幻觉

饮食之最

俗话说“民以食为天”，饮食是人类生存的保障。从古代起，人类就在不断制作各种饮食，以满足人们日益提高的生活需要。如今，饮食已逐步发展成一种文化，饮食中的世界之最更是不胜枚举。如在9000年前，中国人就酿造出世界上最早的酒。19世纪时，世界上最畅销的饮料——可口可乐问世，等等。

饺子味道鲜美，是深受中国人民喜爱的传统食品。

世界名酒一览

酒名	原产地	酒精度
朗姆酒	古巴	42°～50°
金酒	荷兰	35°～50°
威士忌	英国	40°～45°
白兰地	法国	40°～43°
伏特加	俄国	40°～43
香槟酒	法国	较低

世界上最早的饺子 1978年，在山东省滕州发现的春秋中晚期薛国故城遗址里，出土了一套青铜礼器，里面整整齐齐排放着一些个体呈三角形、内包有屑状馅料的食品。后经考察，此为今天人们常吃的饺子和馄饨，距今已有2500年的历史。这是世界上迄今为止所发现的最早的饺子。

世界上最早的酒 1999年，中外考古专家在对河南贾湖遗址发掘出土的数千年前的陶器进行残留物分析时发现，陶器碎片上留有一些沉淀物。专家进行化验分析后，证明陶器中存放过以稻米、蜂蜜和水果为原料调和加工而成的饮料——“千年美酒”。这一发现将中国的造酒历史推到了9000年前，“千年美酒”也成为世界上迄今为止所发现的最早的酒。

中国古代的盛酒器具

每到端午节，人们都要吃粽子、赛龙舟以纪念屈原。

世界上最早的粽子——筒粽 筒粽最初产生于战国时期，是世界上最早的粽子。中国人民吃粽子的习俗，相传是为了纪念战国时期楚国的爱国诗人屈原。屈原投汨罗江后，百姓担心他的尸体会被鱼虾吞食，于是把米装到竹筒里，再投到江里喂鱼虾，这就是最初的筒粽。

世界上最早的冰激凌 世界上最早的冰激凌是中国人发明的。中国人很早就学会了利用天然条件制冷，早在公元前500年，中国就有了贮冰的冰窖，当时还设立了专门负责取冰、用冰的官职，称为“凌人”。到了唐代，长安城的市场上开始出售冷饮。到了宋代，冷饮的品种已经相当丰富，有了用奶制成的“冰酪”，即最早的冰激凌。“似腻还成霜，如凝又似飘。玉来盘底碎，雪向日冰消”说的就是冰酪。

冰激凌味道甜美，是人们非常喜爱的食品。

可口可乐

世界上最畅销的饮料——可口可乐 1886年，美国药剂师约翰·潘柏顿发明了可口可乐。它的主要成分是糖和碳酸水，味道清爽可口，具有提神解渴的作用。在第二次世界大战后，可口可乐开始流行，现在已在全世界200多个国家和地区销售，成为世界上最畅销的饮料。

世界上最高的巧克力 1997年11月，在比利时的根特，一个名为里士蒙的俱乐部展示了一块长14.97米、宽4.7米、高7.47米的巨大巧克力。这是世界上有记载的最高的一块巧克力。

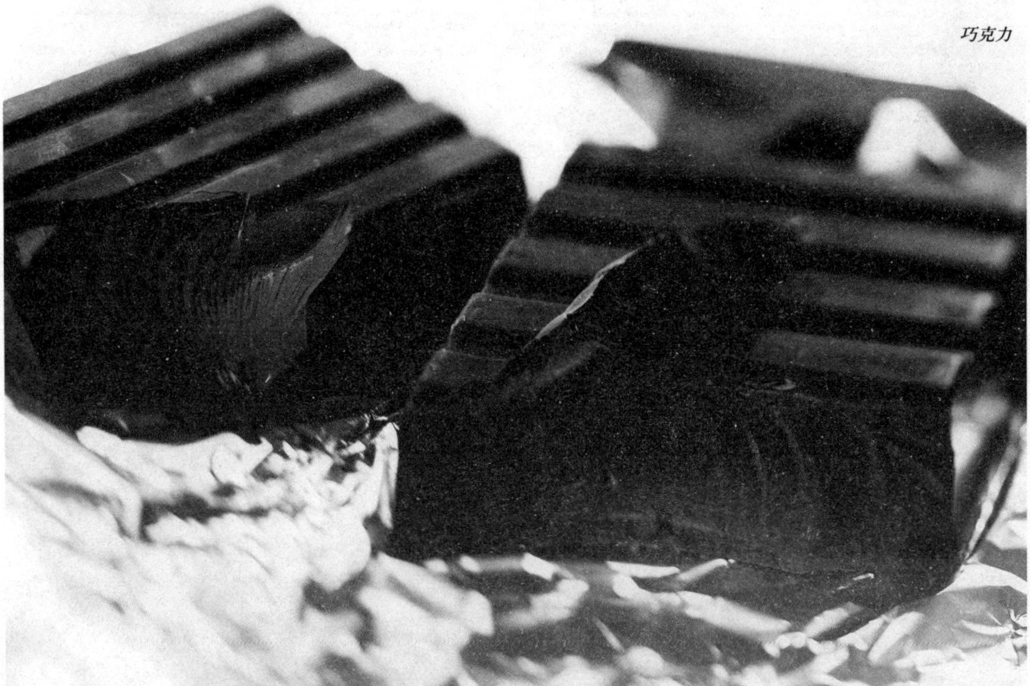

巧克力

最大食品一览表

食品	制作时间	国家	大小
最大的果馅卷饼	1994年	德国	长1.674千米
最大的巧克力饼	1998年	英国	长2.1715米、宽1.195米、厚30.4厘米
最大的烤肉串	1998年	瑞士	重1.03吨、宽1.2米、厚1.6米
最大的水果酥饼	1998年	加拿大	面积68.93平方米、重2.385吨
最大的洋葱饼	2004年	印度	重达84千克，直径为86厘米

世界上最大的一道菜——“烤骆驼” 阿拉伯游牧民族在喜庆宴会时，常常用“烤骆驼”这道菜来招待嘉宾。这道菜大得惊人，由蛋、鱼、鸡或鸭、羊、骆驼烧烤而成。具体的做法是：将煮熟的蛋塞入鱼腹中，再将这条鱼烘烤熟后塞入鸡或鸭的腹中，后又将烤熟的鸡或鸭塞入羊的腹中。羊烤熟后，塞入骆驼的腹中，最后将整只肚中装有蛋、鱼、鸡或鸭、羊的骆驼进行烘烤。据说此菜香气溢人，美味可口。这道菜也是世界上最大的一道菜。

世界上最大的圣诞蛋糕 世界上最大的圣诞蛋糕诞生在泰国。1997年12月25日，曼谷的墨丘利饭店展示了一块重达2300千克的蛋糕。制作这只蛋糕花费了210千克面粉、300千克糖、120千克黄油、120千克淡炼乳和594只鸡蛋。

过圣诞节时不仅能吃到蛋糕，还能收到很多礼物。

费用最高的比萨饼 比萨饼是意大利饮食代表之一，传说是因其产生于比萨城而得名。这种饼已有6000多年的历史，如今已成为世界各地人们喜爱的食品。1998年8月19日，小恺撒比萨饼店收到了来自美国北卡罗莱纳州格林斯伯勒公司的比萨饼订单，要求为其员工订做13386份比萨饼，平均每份比萨饼的价格为7.99美元，总计费用高达106954.14美元。

美味的比萨饼

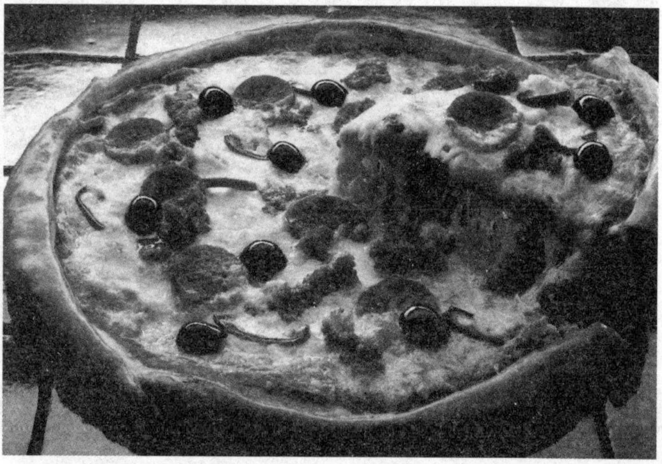

[第五章]

Part5

人类社会之最

人类社会中有国家、政治、经济、法律以及社会中的奇闻等，你知道面积最大的国家和面积最小的国家分别是哪个国家吗？最古老的成文法典是谁制定的？世界上第一部成文宪法是什么？最早的金属货币出现在何时？最早的纸币出现在哪个国家？最早登上珠穆朗玛峰的人是谁？世界上讲话速度最快的人又是谁？世界上哪个民族的脖子最长？……本章介绍了人类社会中存在的方方面面的世界之最，让你领略到人类社会的神奇。

国家之最

在世界七大洲中，除了南极洲以外，都有国家分布。世界上共有200多个国家和地区，这些国家的面积、人口、自然环境、政治制度等不尽相同。其中既有国土面积最大或人口数量最多的国家，也有地势最低或人口密度最小的国家。

国土面积排行榜

国家	国土面积（平方千米）
俄罗斯	1707多万
加拿大	998多万
中国	960多万
美国	930多万
巴西	851.49万
澳大利亚	769万
印度	298万
阿根廷	278.2万

梵蒂冈的圣彼得广场一角

世界上国土面积最小的国家——梵蒂冈 梵蒂冈位于意大利首都罗马城西北角的高地上，国土略呈三角形，以四周城墙为国界，国土面积仅0.44平方千米。截至2007年，梵蒂冈城内大约有800名常住居民。梵蒂冈是罗马天主教的教廷所在地，也是全球7亿天主教徒的精神圣地。

世界上国土面积最大的国家——俄罗斯 俄罗斯地跨欧、亚两洲，西濒波罗的海，东临太平洋，北靠北冰洋，领土包括欧洲东部和亚洲北部，总面积1707.54万平方千米，是世界上国土面积最大的国家。从俄罗斯西端到东端长达9000千米，乘火车穿越全境需要7个昼夜。

俄罗斯首都莫斯科的克里姆林宫

世界上最古老的民主国家——瑞士 瑞士位于欧洲中部，是世界著名的金融中心之一。瑞士尽管拥有不同的种族、语言和宗教，却维持了近700年的民主体制，是世界上最古老的民主国家，其政府形式是联邦国家。瑞士在两次世界大战中都保持中立。

瑞士首都伯尔尼

世界上地势最低的国家——荷兰 荷兰位于欧洲西部，是世界上著名的“低地之国”，国名“Netherlands”的原意即为“低地”。荷兰全境地势低平，全国约有24%的面积低于海平面，1/3仅高出海平面1米。其中最低点位于鹿特丹附近，低于海平面6.7米。

荷兰的风车

世界上足球迷最多的国家——意大利 意大利位于欧洲南部，全国经常收听或收看足球节目的人多达2180万人。全国的广播电视台每年要播放3万个小时的足球节目，其中有1600万人是每播必听必看的，球迷之多堪称世界之最。

狂热的意大利球迷

世界上最热的国家——科威特 科威特位于阿拉伯半岛东北部，是一个沙漠国家，也是世界上最热的国家。科威特国土的大部分为沙漠覆盖，年平均气温在33℃左右，最高可达到51℃。当树阴处的气温为51℃时，沥青公路路面的温度会高达80℃。

因气候炎热导致科威特水资源异常匮乏。图为科威特首都的蓄水塔。

法律相关之最

国家是阶级统治的工具。为了使这个工具更好地执行其职能，统治阶级便制定了相关的法律政策。法律既保护公民的合法权益，也维护统治阶级的利益。早在3800年前，古巴比伦国王就颁发了人类历史上最早的法典。此后，各个国家的法律相继出台，并不断健全。

刻有《汉穆拉比法典》的石碑

古巴比伦国王汉穆拉比

世界上最古老的成文法典——《汉穆拉比法典》 《汉穆拉比法典》是由古巴比伦国王汉穆拉比颁发的，距今已有3800多年的历史，是世界上最古老的成文法典。法典分为前言、正文和结语三部分，内容涉及财产、债务、婚姻继承、侵犯人身行为等方面，还规定了自由人和奴隶地位的不平等，反映了早期奴隶制的特点。

历史上容纳人数最多的监狱——南密歇根州立监狱 历史上有记录(数字得以保留的国家)的容纳人数最多的监狱是美国南密歇根州立监狱，这所监狱最多时曾容纳过6500名犯人。目前容纳人数最多的监狱是美国加利福尼亚圣昆廷州立监狱。2003年1月，这里同时容纳了5967名犯人。

位于法国巴黎市区东部的巴士底狱可以说是世界上最著名的一座监狱。

在美国制宪会议上，代表们正在讨论宪法草案。

世界上最早的成文宪法——《美利坚合众国宪法》 1783年，美国独立战争结束后，建立了联邦国家。为了巩固统治，1787年5月，各联邦代表开始讨论宪法草案，1789年正式宣布这一宪法为《美利坚合众国宪法》。该宪法确定了三权分立的政治体制，影响深远。

最常用的执行死刑方式——枪决 目前，世界上最常用的执行死刑方式是枪决。现在有86个国家使用这种方式。排在第二位的是绞刑，现在在77个国家中使用。以注射的方式执行死刑只有中国和美国使用。电刑只在美国使用。

法庭内部

早期的斩首机

世界上因错判入狱而获得的最高赔偿——193.5万美元 1979年，因为一起谋杀案，美国29岁的罗伯特·麦克劳林被判服刑15年，而他并不是真凶。他从1980年到1986年坐了6年牢后，直到他的养父证明他与这起谋杀案毫无关系，罗伯特才获得释放，并获得了迄今为止最高的错判入狱赔偿费——193.5万美元。

世界上收视率最高的审判——辛普森案件审判 迄今为止，世界上收视率最高的审判是美国的辛普森案件审判。1995年1月24日到10月3日之间，平均每天有550万美国人通过三个主要的有线电视网来收看此次审判。辛普森是美国橄榄球运动员和演员，被指控杀人，最终因证据不足被判无罪。

审判场面

世界上法律最多的国家——美国 美国的法律很多，联邦有联邦法，各州有各州的法，加起来有100多万条。另外，美国还实行案例法，往往一场官司下来，又会形成一条新的法律。所以说，美国是世界上法律最多的国家。

世界上拖延时间最长的诉讼 公元1205年，印度的马洛吉·索拉特曾就他主持公共仪式的权利和参加宗教仪式的权利问题提出起诉。这个案子经过761年，于1966年才最后了结，索拉特的后代帕特洛吉·索拉特胜诉。

货币之最

货币是货物买卖中被认为与货物等值的交换物，包括硬币和纸钞。早期的货币大多用金属制成。公元前11世纪，世界上出现了最早的铸造金属货币。1979年，考古学家发现了世界上最古老的国家造币厂。11世纪时，世界上出现了最早的纸币。

早在2000多年前，金属货币就在市场上流通了。

金币之最

名称	特点	铸造时间(年)	铸造国家
莫卧儿金币	面值最高(面值1.2万法郎)	1628	印度
双鹰金币	最昂贵(拍卖价759万美元)	1933	美国
拿破仑金币	流通最久(流通60余年)	1865	法国、比利时意大利、瑞士

世界上最早的金属货币——铲币 公元前11世纪，中国的周朝制造了世界上最早的金属硬币——铲币。铲币由古代农具演变而成，形状像现在的铲，所以叫铲币。铲币流通于战国三晋地区，在韩、赵、魏等国使用。现在有不少金融机构还把它用在徽记上，象征着财富。

世界上最早的国家造币厂——上林三官 1979年，在中国陕西省发掘了一处古代铸币遗址，经专家鉴定，此处铸币遗址便是古书上记载的西汉上林三官造币厂。据考证，自汉武帝至汉平帝的一百多年中，上林三官共铸五铢钱达280亿枚。

目前，世界上共有200多种纸币。

世界最早的信用货币——白鹿皮币 世界最早的信用货币是中国汉武帝元狩四年（公元前119年）发行的白鹿皮币。它用白鹿皮方尺为币，饰以彩画，定值40万钱，是一种信用货币，也是世界上最早具有纸币性质的货币，堪称纸币的“先驱”。与此同时，元狩年间还发行白金三品（银锡合金），铸成圆形龙、方形马、椭形龟，这是中国最早的法定货币。

北宋交子

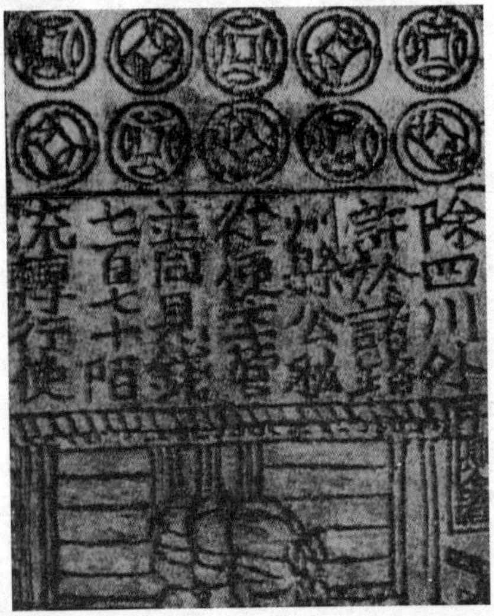

世界上最早的纸币——交子 交子出现在中国的北宋时期，是世界上最早的纸币。当时，中国的商品经济有了很大的发展，流通中需要很多货币，但那时四川地区的铁钱太重，因此交子便出现了。后来政府设立了专门机构，派官员管理交子的印刷。

最早的信用货币出现在汉武帝元狩四年，此图为汉武帝。

明太祖朱元璋

世界上票幅最大的纸币——一贯钞 明朝开国皇帝朱元璋曾下令发行了一种纸币，名为“大明宝钞”。它是明朝通行的唯一纸币，其面额共有6种，其中最大面额的为一贯钞，相当于1两白银。一贯钞由桑皮纸制成，纸的颜色发青，是竖长方形的，长约35厘米，宽约9厘米，是世界上票幅最大的纸币。

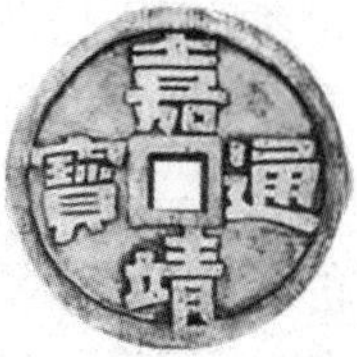

嘉靖通宝

大明宝钞

世界上最大的铸币——嘉靖通宝 在中国云南1997年10月21日的《曲靖报》上，有一篇题为《最大的铜币在会泽》的报道。该报道称：“会泽嘉靖通宝系方孔圆钱，直径57.8厘米，有内、外廓，外廓宽3.5厘米，厚3.7厘米，币重41.5千克。”而在此之前世界公认的最大铸币——太平天国特大花钱的直径为33.5厘米，厚0.8厘米，重约4.5千克。

世界上流通最广的货币——美元 美元是世界上流通最广的货币。世界上各个国家没有见过美元的人已经很少，有美元存款的家庭在全世界来说也是个不小的数字。由于美元是世界上少数几种“硬通货”之一，各国为了保证随时可从国外进口自己所需要的东西，不得不保存外汇存款，从而美元就成了世界上流通量最大的货币。据资料显示，1993年在美国发行3500亿美元通货当中，有2350亿美元在非美国家流通。单单在俄罗斯就流通着200亿，另有50亿～70亿在阿根廷。

美元俗称美金，是世界上流通最广的货币。

金库里储存的金砖和金币

世界上最大的炼金厂——兰德炼金厂 兰德炼金厂是世界上最大的炼金厂，它坐落于南非约翰内斯堡市郊哲米镇上的一个大院中，由南非7家最大的采矿机构的联合组织——矿业联合会经营。南非开采的所有黄金都在这个厂冶炼，它的年加工能力达750吨，占全世界黄金产量的一半以上。

世界上最大的金库——纽约联邦储备银行里的金库 纽约联邦储备银行位于美国纽约华尔街上，它的地下金库里贮藏着堆积如山的黄金，若将这些黄金加在一起，大约有8133.5吨。金库的面积大概有半个足球场那么大，金库唯一的入口处有一道精心设计的“机关门”。

探险之最

今天，人们对世界上最遥远的角落也都有所了解。但是在几百年前，很多人都不知道自己国家以外的任何事情。直到15世纪，中国的航海家郑和才开始了真正的探险。此后，又有许多勇敢的人进行了环球航行、横渡大西洋、南极考察、攀登珠穆朗玛峰等种种探险活动。

郑和下西洋

早期的帆船

世界上最早的航海家——郑和 中国明朝初期正是太平盛世，当时中国的造船工艺和航海技术在世界上名列前茅。郑和在1405～1433年曾七次率领庞大的船队出使西洋，共到过亚洲和非洲的30多个国家和地区，最远曾到达非洲东海岸和红海海口。

世界上最早实现环球航行的人——麦哲伦 1519年，在西班牙王室的支持下，葡萄牙航海家麦哲伦率领船队从西班牙出发，一直向西航行，经过大西洋、太平洋和印度洋，于1522年又回到了西班牙，首次完成了环球航行。但麦哲伦本人不幸在航行途中去世。

麦哲伦

世界上最先到达南极洲的人 1911年12月14日，一支由罗阿尔·阿蒙森率领的5人探险小分队，从南极洲威尔士海湾出发，乘坐狗拉雪橇，历时53天，到达了南极洲。他们仅比另一支由英国探险家罗伯特·福尔肯·司各特率领的小分队早一步到达南极，成为世界上最早到达南极洲的人。

罗阿尔·阿蒙森是挪威探险家，图为他在南极探险时的情景。

探险之最一览表

活动	人物	国家	时间	记录
骑车穿越美洲高速公路最年轻的人	伊曼纽尔·延耐塔	美国	1999年	18岁零266天
单人乘热气球所做的最远飞行	史蒂夫·福塞特	美国	2002年	33195千米
最快单人划船穿越太平洋	埃·宽德尔	法国	2005年	129天
最快女子单人环球帆船	艾伦·麦克阿瑟	英国	2005年	71天14小时18分33秒
单人最快穿越南极	汉娜·米肯德	英国	2006年	40天
航海穿越大西洋最年轻的人	迈克尔·普哈姆	英国	2007年	14岁

世界上最早登上珠穆朗玛峰的人——埃德蒙·希拉里和丹增·诺尔盖 珠穆朗玛峰位于中国和尼泊尔两国边界，海拔8844.43米（2005年测定），是世界第一高峰。1953年5月29日上午11时30分，新西兰登山家埃德蒙·希拉里和尼泊尔登山家丹增·诺尔盖克服了千难万险，终于从山峰的南坡登上了顶峰，实现了人类登上地球之巅的梦想。

攀登珠峰

世界上最早成功横渡大西洋的人——居伊·德拉日 1995年2月9日，法国探险家居伊·德拉日完成了横渡大西洋的壮举。1994年12月16日，德拉日在非洲西部的佛得角带着小舢板下水，平均每天在海中游7个小时，经过了困难重重的45天后，终于到达加勒比海的巴多斯岛，成为世界上最早成功横渡大西洋的人。

大西洋

世界上最早穿越塔克拉玛干沙漠的女性——卡拉·佩罗蒂 塔克拉玛干沙漠位于中国塔里木盆地中部，东西长约1000千米，南北宽约400千米，面积达33.7万平方千米。1998年10月26日下午，意大利探险家卡拉·佩罗蒂带着装备徒步出发。24天后的11月18日下午两点，她走出沙漠，行程550千米。

塔克拉玛干沙漠

奇闻

俗话说："大千世界，无奇不有。"人类社会有不少奇闻，如睡了70多年的人、最奇怪的自燃者以及用脑袋顶起汽车的人等。

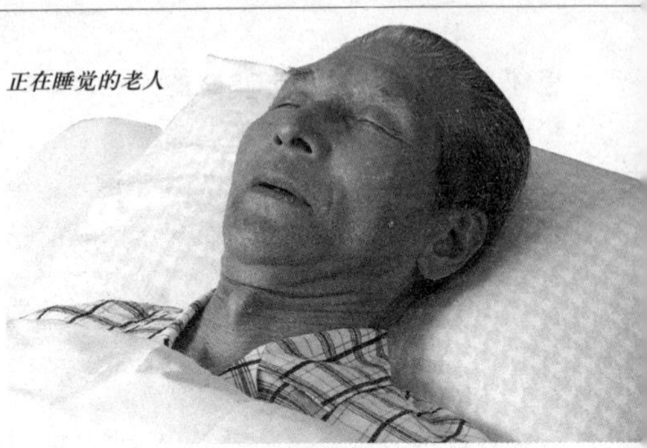
正在睡觉的老人

肯尼迪语速非常快，图为他做公开演讲时的情景。

世界上最能睡的人 20世纪20年代，一种被称为"睡眠症"的疾病席卷了整个英格兰，数千人死于这种奇怪的疾病，菲利浦·莱瑟是这些病人中最长寿的一个。他从11岁一直到82岁死去时都没有醒来过。

世界上站立时间最长的人 据记载，世界上站立时间最长的记录是1944年8月20日，一位名叫爱佛雷特·D·雷马的美军战俘创下的。当时，他因触犯日本大阪美军战俘营的营规被迫罚站，从1944年8月15日上午8时开始罚站，因看守忘记，直到8月20日下午罚站才结束，在没有进食饮水的情况下，爱佛雷特·D·雷马，总共站了132个小时，成为世界上有记载的站立时间最长的人。

世界上讲话速度最快的人——肯尼迪 英语国家中，很少有人能以每分钟超过300个单词的速度把话讲清楚。据记载，美国前总统肯尼迪在1961年12月的一次公开演说中，每分钟竟然说出了327个英文单词，真是令人匪夷所思。

世界上最怕水的游泳教练 美国著名游泳教练谢曼·查伏尔训练的美国男子游泳运动队曾经获得过16枚奥运会金牌，他也因此闻名于泳坛。在一次夺冠后，队员们激动地把他扔进了游泳池里，出人意料的是，他竟然沉了下去。队员们将他救起后才知道这位出色的游泳教练竟然不会游泳。

最奇怪的自燃者——约翰·本特利 1966年，美国宾夕法尼亚州的退休内科医生约翰·本特利博士因自燃逝世，他这种自燃的方式很奇怪，高温把他的身体烧成灰，他身下的地板也烧焦了，但是，他房间内的大部分东西和他的双拐及右腿的假肢却全都幸免于难。

不会游泳的教练非常少见，图为游泳教练教学员游泳时的场景。

世界上头发最长的人 据泰国一家日报报道，世界上头发最长的人是泰国苗山部落的一位成员。他在77岁去世时，头发的长度竟然达到5.79米。1997年11月，他的头发就已长达5.15米，被《吉尼斯世界纪录》收录为世界之最。他88岁的哥哥头发则长达5米，位居世界第二位。

头发是人体的重要组成部分，又是外表健美的重要标志之一。

一般来说，普通人只能顶十几千克重的东西。

世界上顶物最重的人 世界上有些地区的人有把重物放在头上顶着走的习惯，他们大多能够顶着10千克以上的重物走上很远的路程，但是，没有这种劳动习惯的英国人约翰·埃文斯却能顶起将近200千克的重物，成为世界上能顶起最重物品的人。1997年12月24日，在英国伦敦广播电视公司的一个节目上，约翰·埃文斯当场头顶101块标准建筑用砖共计188.7千克达10秒钟之久。1999年5月24日，他用头顶起了一辆重159.6千克的汽车，令观众惊叹不已。

世界上肺活量最大的人 肺活量是指一次尽力吸气后，再尽力呼出的气体总量。成年男子肺活量平均为3000毫升，女子平均为2000毫升。不过英国曼吉特辛格的肺活量却大得惊人。1998年9月，他在42分钟内吹出了一个直径2.44米的大气球，其重量有1千克，被《吉尼斯世界纪录》收录为世界上肺活量最大的人。

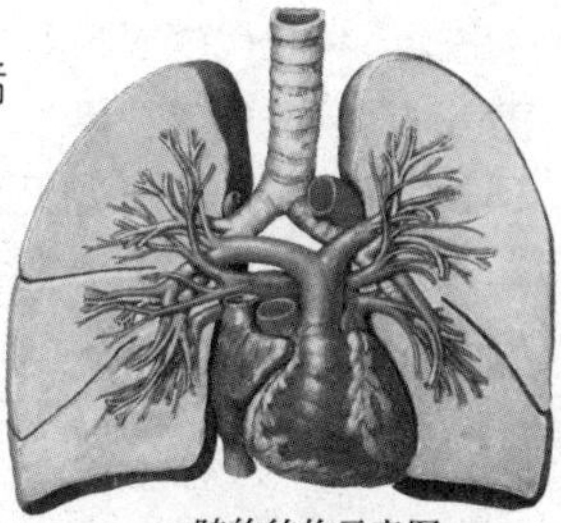

肺的结构示意图

在火中跳舞但却不会被烧伤的人

最不怕烫的人 希腊北部的兰卡达斯村有一个奇特的风俗，每年的5月21日，村民们都要在一个约3.6平方米的火坑里跳舞达30分钟。研究这种宗教庆典的科学家们在1980年测出燃烧着的煤炭的温度达500℃，而舞蹈者脚底的温度有180℃。当时一名在场观看舞蹈的英国人也想试试，结果因三度烧伤马上被送进医院。

湖南炎陵的女儿国村民

女人最多的村落——湖南炎陵女儿国 这个神奇的村落坐落于海拔1500多米的中国湖南炎陵、资兴和桂东县交界的群山间，该村现有的村民中有90%为女性，另外10%的男性居民也是从外地进村的上门女婿。尽管这些外来女婿不断改变这里的血缘关系，但“女儿国”的面貌仍没有改变。

脖子最长的民族——缅甸的卡亚尼族 缅甸的卡亚尼族妇女认为脖子长就是美，她们从5岁开始就在脖子上戴一根直径为1.5厘米的黄铜圈，并随着年龄的增加定期加圈，等她们成年的时候，脖子上一般有20多个用来装饰的铜圈。这么多铜圈使她们的脊椎骨受到的压力越来越大，锁骨和肋骨被压下来，脖子就渐渐拉长了。

卡亚尼族妇女

因纽特人

地球最北端的人种——因纽特人 因纽特人生活在地球最北端的格陵兰岛上，世世代代以狩猎为生，主要猎食海豹、鱼、驯鹿等。他们住在自己建造的冰屋里，因为冰是热的不良导体，能很好地隔热，加上冰屋没有窗子，门口挂着兽皮门帘，可以减少屋内外空气的对流。

因纽特人的狗拉雪橇

奇闻集萃

奇闻	人物	所创记录
在树上生活时间最长的人	邦卡斯(印度尼西亚)	从1970年～1991年一直在树上生活。
同时驯狮最多的人	克拉特·贝蒂(美国)	同时驯养过40多只狮虎兽(由狮子和老虎混种而产下的动物)。
最高雅的民族	约鲁巴人(西非)	用音乐作为手段进行交流。

[第六章]

Part6

体育之最

体育运动是人类增强体质的最佳途径，从古代开始，人们就进行着各种各样的体育运动。在这些原始体育运动项目的基础上，一代又一代的人健全和发展了体育运动项目，使之成为当今社会人们比较热衷的一项活动。追溯体育运动发展史，你将知道最早的古代奥运会是在哪一年举办的、最早的篮球赛是谁设计的、最早的乒乓球运动是怎样产生的、哪项球类运动是最难的、参加马拉松赛年龄最大的人有多大等一系列人类创造的体育之最。

奥运会之最

奥林匹克运动会起源于古希腊，因举办地点在奥林匹亚而得名。第1届古代奥运会于公元前776年举行，到公元394年共举行了263届。此后，由于罗马皇帝狄奥多西一世信奉基督教，禁止一切异教活动，所以废止了运动会。1888年，法国人皮埃尔·德·顾拜旦倡议恢复奥林匹克运动会，并积极筹措，于1896年在希腊的雅典举办了第1届现代奥运会。以后，奥运会每4年举办一次，因故不能举行的届数照算。自1896年至今，奥运会已举办了29届。

1896年举办第1届现代奥运会时所使用的场馆

最早的奥林匹克运动会——古希腊奥林匹亚竞技 公元前776年7月20日，世界上第一次奥林匹克运动会在古希腊的奥林匹亚举行。奥林匹克运动会原名奥林匹亚竞技，不允许女人参加。比赛中获胜者所得的奖品是用橄榄树枝叶编成的环冠，连续3次获胜的运动员能获得由著名雕塑家为他们塑造的一座雕像。闻名于世的《掷铁饼者》表现的就是古代一位奥运健将。

最早的冬季奥林匹克运动会 1924年1月25日，在法国沙莫尼举行了首次冬季奥运会。这次奥运会的比赛项目有滑雪、射击、雪橇、冰球、短雪橇、跳台滑雪和滑冰。现代奥林匹克运动会已包括一些冬季竞赛项目，但单独举行冬季奥运会，这还是第一次。

冬季奥运会比赛项目—— 滑雪

第21届蒙特利尔奥运会的开幕式

第一位为现代奥运会点燃火炬的运动员——斯皮里顿·路易斯 斯皮里顿·路易斯是1896年奥运会马拉松冠军的获得者。在1936年举办的第11届奥运会上，他受邀点燃第11届奥运会的火炬，成为现代奥运史上首位点燃火炬的运动员。此外，他也是奥运史上为奥运会点燃火炬的唯一的东道主国家以外的运动员。

点燃奥运圣火

规模最小的现代奥运会 规模最小的奥运会是1904年在美国圣路易斯举行第3届奥运会。当时，因为远隔重洋，旅费昂贵，加之忧心远东日俄海战的事态发展，只有来自12个国家的625名运动员参加了本届奥运会，其中东道主美国队就占了533人，因此这一届奥运会也被称为“美国人的奥运会”。

现代奥运会上第一个女子冠军——夏洛特·库珀 在1900年的巴黎奥运会上，英国女运动员夏洛特·库珀在女子网球单打决赛中以2：0战胜法国选手，成为该项目的冠军。这是现代奥运会上诞生的第一个女子冠军。

夏洛特·库珀

参加奥运会历史最长的男运动员——阿·格列维奇 参加奥运会比赛历史最长的男运动员是匈牙利花剑选手阿·格列维奇。他从1932年第10届奥运会一直到1960年第17届奥运会中，共参加了6届奥运会（其间因第二次世界大战有两次未举办），共夺得7枚奥运会金牌、1枚银牌和2枚铜牌，比赛历史长达28年之久。

男子花剑比赛

女子铁饼比赛

参加奥运会历史最长的田径女运动员——马诺礼乌 来自罗马尼亚的女子铁饼选手马诺礼乌共参加了6届奥运会，创造了参加奥运会历史最长的世界记录。她分别于1952年、1956年、1960年、1964年、1968年和1972年参加了奥运会，时间跨度为20年。

获奥运会金牌最多的田径运动员——雷蒙德·尤里 美国选手雷蒙德·尤里是获奥运会金牌最多的男子田径运动员。他在1900年、1904年和1908年奥运会的立定跳高、跳远和三级跳项目中共获得10枚金牌。

历届奥运会一览表

届别	举办时间	名称	届别	举办时间	名称
第1届	1896年	雅典奥运会	第17届	1960年	罗马奥运会
第2届	1900年	巴黎奥运会	第18届	1964年	东京奥运会
第3届	1904年	圣路易斯奥运会	第19届	1968年	墨西哥城奥运会
第4届	1908年	伦敦奥运会	第20届	1972年	慕尼黑奥运会
第5届	1912年	斯德哥尔摩奥运会	第21届	1976年	蒙特利尔奥运会
第7届	1920年	安特卫普奥运会	第22届	1980年	莫斯科奥运会
第8届	1924年	巴黎奥运会	第23届	1984年	洛杉矶奥运会
第9届	1928年	阿姆斯特丹奥运会	第24届	1988年	汉城奥运会
第10届	1932年	洛杉矶奥运会	第25届	1992年	巴塞罗那奥运会
第11届	1936年	柏林奥运会	第26届	1996年	亚特兰大奥运会
第14届	1948年	伦敦奥运会	第27届	2000年	悉尼奥运会
第15届	1952年	赫尔辛基奥运会	第28届	2004年	雅典奥运会
第16届	1956年	墨尔本奥运会	第29届	2008年	北京奥运会

注：第6届、第12届、第13届奥运会因战争中断。

连续获得奥运会金牌次数最多的女子选手——比尔吉特·菲舍尔 从1988年到2004年，德国的皮划艇选手比尔吉特·菲舍尔连续获得5次奥运会女子皮划艇项目的金牌，成为世界上连续获得奥运会金牌次数最多的女子选手。

足球和篮球之最

在2000多年前，世界上最早的足球运动——蹴鞠便已登上人类历史的舞台，此后经过一系列的传播和发展，足球渐渐成为备受人们关注和喜爱的一项运动。篮球是在19世纪中后期走进人们的生活的，这项运动的发源地在美国。如今，它也为世界创造了不少NBA明星，如乔丹、纽曼等。

足球赛

世界上最早的足球运动——蹴鞠 据记载，2000多年以前，中国就有了足球游戏，当时的足球用草或毛发制成，叫做“鞠”，这种游戏叫做“蹴鞠”。到了唐代，蹴鞠有了新的发展，出现了充气的球，这种球由球皮和用动物的膀胱做成的球胆构成，然后又出现了带网的球门。2001年3月，国际足联正式认定足球运动发源于中国。

中国古代的蹴鞠图案

最早的世界足球锦标赛（世界杯）——1930年世界足球锦标赛 1930年7月13日，第1届世界足球锦标赛在乌拉圭首都蒙得维的亚举行。当时，共有13个国家参加了比赛，国际足联采取了一项折中的方案，把13个队分成4个小组，在小组中各队按循环制比赛，获得小组第一名的球队有权进入半决赛，半决赛和决赛采取淘汰制。最后，乌拉圭队获得了冠军。

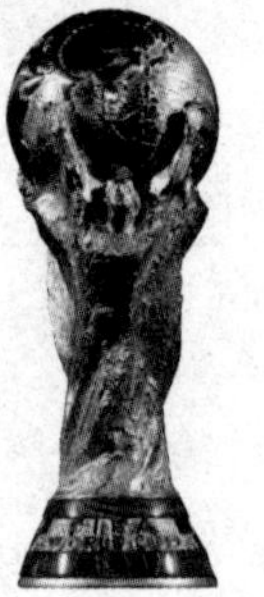

世界杯的奖杯——大力神杯

夺得世界杯冠军次数最多的球员——贝利 贝利原名埃德逊·阿兰德斯·多·纳西门托，他出生在巴西一个贫寒的家庭里，未满17岁就入选国家队，是至今为止世界上唯一夺得3届世界杯冠军的球员，被誉为“球王”。在长达22年的职业足球生涯中，贝利共参赛1364场，射入1282个球，世界上以他的名字命名的歌曲有90多首，他给人的签名已无以计数。

贝利

世界杯赛最庞大的观众队伍 有文字记载的观看世界杯赛最庞大的观众队伍是在1950年7月16日巴西里约热内卢马拉卡纳市的体育场，当时到现场观看巴西队与乌拉圭队比赛的观众达到197854人。1994年，现场观看世界杯比赛的观众人数总和达到3587538人，创造了现场观看世界杯比赛的观众人数最多的历史记录。

获得世界杯冠军的国家队排行榜

国家队	次数	获奖时间
巴西队	5	1958年、1962年、1970年、1994年、2002年
意大利队	4	1934年、1938年、1982年、2006年
西德队	3	1954年、1974年、1990年

世界上最早的篮球赛——1891年篮球赛 1891年，美国春田市国际基督教青年会训练学校的体育教师詹姆士·奈史密斯博士设计了按投掷的准确性来计分和决定胜负的一种游戏。他把两个桃篮作为投掷目标，分别钉在离地3.05米高的柱子上，双方队员(每队9人)分别站在球场两端，裁判鸣笛后将球抛入球场中间，双方队员同时进入场内抢球并通过互相传递，将球投入篮中得分。这项运动很快传至美国各地，逐渐发展为今天令全世界无数篮球迷狂热的一项运动。

激烈的篮球赛

篮球运动史上最有价值的运动员——乔丹 乔丹是美国职业篮球运动员。他率领美国全国篮球协会(NBA)芝加哥公牛队于1991～1993年连续获得3届篮球锦标赛冠军，2003年正式退役。在他的NBA职业生涯中，平均每场得30.1分，是篮球赛中平均得分最高的球员，曾6次(1991年、1992年、1993年、1996年、1997年、1998年)被评为NBA季后赛最有价值的球员。

乔丹

最远的中篮距离——27.6米 1996年4月8日，英国球员伊恩·麦金尼代表谢菲尔德鲨鱼队出赛，在距离球篮27.6米处远投命中，创造了距离最远的投球中篮记录。

获得世界男子轮椅篮球锦标赛冠军次数最多的球队——美国男篮 世界男子轮椅篮球锦标赛自1973年正式开赛以来，美国男篮分别在1979年、1983年、1986年、1994年和1998年5次获得该项比赛的冠军，是获得此项赛事冠军次数最多的球队。

获世界篮球锦标赛冠军次数最多的球队——南斯拉夫男子篮球队 世界男子篮球锦标赛开始于1950年，获得该项比赛冠军次数最多的是南斯拉夫男子篮球队，该队曾于1970年、1978年、1990年、1998年、2002年5次夺冠。

投篮

投篮最准的篮球运动员——纽曼 美国加利福尼亚州圣约瑟城的神投手纽曼是有记载的投篮最准的运动员，他于1975年5月31日到6月1日的24小时内连续投篮13116次，命中12874次，命中率高达98.15%。

其他球类运动之最

除足球和篮球外，其他球类运动也深受人们的喜爱，如乒乓球、高尔夫球、网球、棒球等，它们当中也有许多世界之最，如世界上最早的乒乓球运动、高尔夫球入洞的最长距离、获得网球单打冠军次数最多的运动员等。

乒乓球运动

世界上最早的世界乒乓球锦标赛——1926年世界乒乓球锦标赛 世界乒乓球锦标赛简称“世乒赛”，第1届世乒赛是1926年12月6日在英国伦敦举行的，当时的比赛没有秩序册，所有参赛选手必须待在现场，由裁判员随叫随到进行比赛。运动员随意着装，有穿长裙的、长裤的，有打领带穿皮鞋的。观众可以免费观看比赛。

最难的球类运动—— 棒球运动 美国体育学者经过科学的分析计算，认定在世界上最困难的10项运动中棒球运动位居榜首。有数据显示，如果一个投手以每小时150～160千米的速度投出一个球时，从他开始做动作到扔出球需要0.1秒，球飞过20.1米的场地到达本垒上的击球手的时间只需要0.3秒，但击球手必须要在0.15秒的时间里判断球飞来的方向，比赛的胜负也就由这一眨眼的工夫决定。

棒球运动员

世界上最困难的10项运动

难易程度	运动
1	用球棒击打棒球
2	在圆形的体育场里高速赛车
3	撑杆跳过4.6米以上的高度
4	打出一个又直又远的高尔夫球
5	击中一个速度为每小时208千米的网球
6	在花样滑冰中做出几周跳之后平稳落地
7	跑马拉松
8	环法自行车赛
9	在足球比赛中扑点球
10	高山速降

世界上最早的乒乓球运动 据记载，乒乓球运动起源于19世纪后期。当时，英国伦敦的两个贵族青年在一家房间里饮酒用餐。饭毕后，其中一个人从地板上拣起一个酒瓶上的软木塞子，和另一个用雪茄盒盖对打起来，这引起了在场青年们的浓厚兴趣。很快，这项称为乒乓球的时髦运动成为上流社会娱乐活动的内容。1900年，英国首先成立了乒乓球联合会，并于同年12月在伦敦举行了乒乓球联赛，后来乒乓球运动扩展到全世界。

最长的高尔夫入洞距离——50.79米 2000年8月5日，英国人艾伦斯科菲尔德在开普敦俱乐部的赛场上，在50.79米外成功地将高尔夫球击入球洞，创造了高尔夫入洞的最长距离。在此之前，只有美国人克劳斯和南非选手尼克普莱丝两人在比赛中将球从33.5米外推入洞中。

打高尔夫球

获国际橄榄球锦标赛冠军次数最多的国家——英国 英国在1884年～2000年举办的国际橄榄球锦标赛上，共获得23次冠军，成为获得国际橄榄球锦标赛冠军次数最多的国家。

橄榄球比赛

获板球世界杯冠军次数最多的球队——澳大利亚队 第一届板球世界杯于1975年在英格兰举行，以后每四年举行一届，截至2007年一共举办了9届，共诞生了5个世界冠军。其中夺冠次数最多的为澳大利亚队，他们分别于1987年、1999年、2003年和2007年4次夺冠。

板球运动工具

获大满贯联赛女子单打冠军次数最多的人——玛格丽特·考特 1960～1973年间，澳大利亚的女子网球运动员玛格丽特·考特获得过11次澳大利亚网球公开赛的冠军、5次法国网球公开赛冠军、5次美国网球公开赛冠军及3次温布尔登网球公开赛冠军，共计24次夺冠，成为获大满贯联赛中单打冠军头衔次数最多的人。

最早的马球运动俱乐部——卡夏尔俱乐部 马球是一项骑在马上持杖击球的体育运动，世界上最早的马球俱乐部是1859年在印度阿萨姆建立的卡夏尔俱乐部。英国殖民者在印度发现了马球并于1869年将这项运动引入英国，并很快受到大众欢迎。1878年在都柏林举行了第一次正式的马球比赛。

马球运动

网坛上收入最多的两姐妹——大威廉姆斯和小威廉姆斯 大威廉姆斯和小威廉姆斯都是美国有名的网球种子选手，目前她们各自的奖金收入超过750万美元，成为网坛上收入最多的两姐妹。大威廉姆斯在1994年时转为职业网球手，当时她年仅14岁，而小威廉姆斯则于1997年16岁时转为职业网球手。1999年，大威廉姆斯战胜妹妹获得利普顿锦标赛冠军；而在2002年法国网球公开赛上，小威廉姆斯战胜姐姐赢得冠军。姐妹俩还在1999年获得美国网球公开赛和法国网球公开赛冠军。

威廉姆斯姐妹

田径运动之最

田径运动包括田赛和径赛两种类型。田赛是田径运动中跳远和投掷项目的统称，跳远项目包括跳高、跳远和三级跳等；投掷项目包括掷标枪、掷铁饼、推铅球、掷链球等。径赛是在跑道和公路上举行的田径运动项目，包括竞走和赛跑。田径运动史上也有不少世界之最。

英国的竞走比赛

蹲踞式起跑

世界上最早的竞走比赛 有记载的世界上最早的竞走比赛是1867年在英国举行的竞走比赛。英国是世界上最早把竞走列为正式比赛项目的国家。由于竞走对场地、设施以及运动员的专业要求不很苛刻，所以比赛一经举办就吸引了很多人参加。

世界上最早采用蹲踞式起跑的人——西西里 1887年，美国著名的田径教练墨尔菲发明了蹲踞式起跑板。同年，美国人西西里在耶鲁大学的一次比赛中首次采用这种起跑方式。当时别的运动员都是站着的，只有西西里一人蹲在地上，人们对他的这种举动十分困惑，后来才明白他采用的是一种新的起跑姿势。

一天之内创造田径世界记录最多的人——杰西·欧文斯 1935年5月25日，在美国密歇根州的安阿伯，美国黑人运动员杰西·欧文斯在45分钟之内打破或平了100米、200米、220米、220米跨栏、接力和跳远的世界记录，成为在一天之内创造田径世界记录最多的人。为了纪念欧文斯对世界体育运动的贡献，美国体育机构以他的名字设立了“杰西·欧文斯奖”。该奖每年评选一次，颁给在田径运动中成绩卓著的各国运动员。

马拉松赛

年纪最大的马拉松运动员——季米特里奥·恩约尔·丹尼迪斯 1976年10月10日，希腊人季米特里奥·恩约尔·丹尼迪斯创造了一个神话，在希腊雅典的马拉松赛场上，98岁的他用了7小时33分钟跑完马拉松全程，成为迄今为止年纪最大的马拉松运动员。

比赛中的埃德温·摩西

径赛中连续获胜次数最多的运动员——埃德温·摩西 埃德温·摩西是美国跨栏运动员，连续多次刷新了400米跨栏的世界记录，最好成绩是47秒2。他还创造过400米跨栏连胜122场的最高纪录，被誉为“常胜将军”。

田赛中连续获胜次数最多的运动员——约兰达·巴拉什 在1956～1967年中，罗马尼亚选手约兰达·巴拉什在罗马尼亚全国田径运动会、欧洲田径运动会、世界田径运动会和奥运会等重大赛事上，150次连续在跳高项目中获胜，成为田赛中连续获胜次数最多的运动员。

迈克尔·约翰逊创男子200米世界记录时的留影

夺得世界田径锦标赛金牌数最多的运动员——迈克尔·约翰逊 自从第1届世界田径锦标赛于1983年在芬兰首都赫尔辛基举行以来，美国选手迈克尔·约翰逊在该项赛事的历史上共夺得过11枚金牌，成为获世界田径锦标赛金牌数最多的选手。他所获得的金牌分别是1991年和1995年的男子200米金牌，1993年、1995年、1997年和1999年的男子400米金牌，1993年、1995年和1999年的男子4×400米接力项目金牌。2000年奥运会上，他又获得了400米和4×100米冠军。在这届奥运会后，他光荣退役。

跳高是田径运动的田赛项目，图为一名运动员正在进行跳高比赛。

跳高比赛

女子七项全能的最佳成绩——7291分 美国选手杰基·乔伊娜·克西在1988年创造了七项全能赛的最佳成绩——7291分，各项比赛成绩如下：100米栏12.69秒、跳高1.86米、铅球15.8米、200米赛跑22.56秒、跳远7.27米、标枪45.66米、800米赛跑2分8.51秒。

世界上最早的跳高比赛 1851年，英国牛津大学举行大学生运动会，首次在运动会上设立了跳高项目，正式出现单脚起跳的方法。在这次运动会上，剑桥大学的运动员用跨越式的方法跨过1.67米的高度。

女子200米赛跑是女子七项全能的比赛项目之一。

世界径赛记录（男子）

男子项目	成绩	创造者	国家和地区	时间
100米	9秒58	博尔特	牙买加	2009.08.07
200米	19秒19	博尔特	牙买加	2009.08.20
400米	43秒18	迈克尔·约翰逊	美国	1999.08.26
800米	1分41秒11	威·基普凯特	丹麦	1997.08.24
1500米	3分26秒	希查姆·埃尔·盖鲁伊	摩洛哥	1998.07.14
5000米	12分37秒35	克纳尼萨·贝克	埃塞俄比亚	2004.05.31
10000米	26分17秒53	肯贝克勒	埃塞俄比亚	2005.08.26
110米栏	12秒87	罗伯斯	古巴	2008.06.13

世界径赛记录（女子）

女子项目	成绩	创造者	国家和地区	时间
100米	10秒49	格·乔伊娜	美国	1988.07.16
200米	21秒34	格·乔伊娜	美国	1988.09.29
400米	47秒60	米科赫	民主德国	1985.10.06
800米	1分53秒28	克拉托赫维洛娃	捷克斯洛伐克	1983.07.26
1500米	3分50秒46	曲云霞	中国	1993.09.11
3000米	8分6秒11	王军霞	中国	1993.09.13
5000米	14分11秒15	迪巴巴	埃塞俄比亚	2008.06.06
10000米	29分31秒78	王军霞	中国	1993.09.08

[第七章]

Part 7

艺术之最

艺术随着社会的进步而发展，主要包括音乐、绘画和文学等方面的内容。你知道世界上最早的史诗是哪一部吗？人物最多的小说是谁创作的？稿酬最高的作家又是谁？世界上最古老的画种是哪一种？最流行的雕刻作品是什么？最大的石刻坐佛有多大？票房收入最高的影片又是哪一部？……所有这些内容，你将在本章中一览无余。

文学作品之最

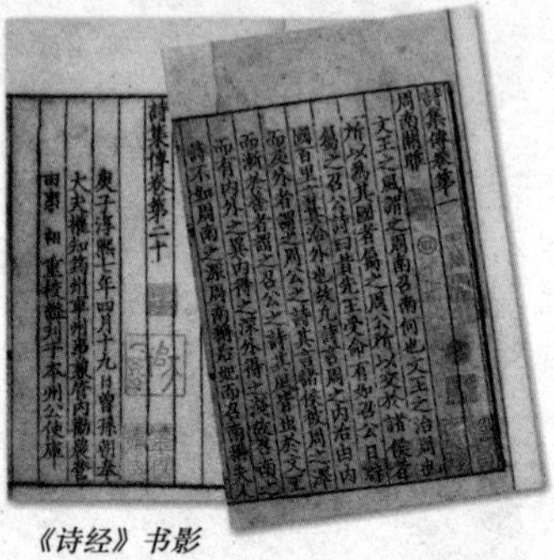

《诗经》书影

文学作为一种表达作者思想感情、反映社会生活的语言艺术，在世界各地都有着悠久的历史和广泛的基础。人类进入文明社会以后，就开始了诗歌、史诗等文学作品的创作。在公元前6世纪，世界上最早且最著名的寓言集《伊索寓言》就问世了，后来逐渐出现了小说、散文、戏剧等文学体裁。

世界上最早的史诗——《吉尔伽美什》 《吉尔伽美什》是目前已知世界上最古老的史诗，是一部关于苏美尔英雄吉尔伽美什的赞歌，早在公元前3000年左右就已经在苏美尔人中流行，到古巴比伦时期编辑成书。全诗共3000余行，用楔形文字分别刻在12块泥板上，讲述了吉尔伽美什一生的传奇故事，是古代巴比伦文学的代表之作。

世界上最早的诗歌总集——《诗经》 《诗经》共305篇，分为风、雅、颂三部分，其中绝大部分是西周到春秋时期的诗歌，都因音乐而得名。“风”是指不同地区的地方音乐，有15国风，共160篇。“雅”共105篇，是周王朝直属地区内的音乐，多是在宫廷宴会或朝会时演奏的乐歌，大部分为贵族的作品。按照音乐的不同，“雅”又分为《大雅》和《小雅》。“颂”共40篇，是宗庙祭祀的乐歌。《诗经》不仅是我国最早的诗歌总集，也是世界上最早的诗歌总集。

《格萨尔王传》书影

《龟兔赛跑》是《伊索寓言》中的一个故事，告诫人们骄者必败。

世界上最长的史诗——《格萨尔王传》 《格萨尔王传》是中国藏民族的长篇叙事诗，它以民间说唱的形式来歌颂英雄格萨尔王，内容丰富多彩，是研究西藏历史的一部百科全书。它的创作年代及研究者尚无定论，但内容至少有120部，包含100多万诗行，共计2000多万字，仅藏民族最著名的说唱艺人扎巴老人1986年去世前留下的内容就有25部，包含600余万字，相当于《荷马史诗》的25倍！

世界上最早的寓言集——《伊索寓言》 《伊索寓言》大约出现在公元前6世纪，被认为是世界上最早的寓言集。其中著名的作品有《狼和小羊》《狮子和野驴》《龟兔赛跑》等。这本寓言集以生动有趣的故事告诉人们友情、智慧、善良、诚实等品质是多么可贵，同时告诫人们小心别上了坏人的当。

《源氏物语》的屏风画

世界上最古老的戏曲剧本——《张协状元》 《张协状元》是中国南宋早期的剧本，也是世界上迄今为止所发现的最早、保存最完整的古代戏曲剧本。《张协状元》残存着从说唱过渡到戏文的痕迹，已进入由演员扮演角色的戏剧性演出阶段，显现出了中国戏曲文化的基本特征，被誉为戏曲活化石。

世界上最早的长篇小说——《源氏物语》 日本的紫式部(女)创作的《源氏物语》大约成书于1007年～1008年，是世界上最早的长篇小说。全书共54回，近百万字。涉及三代，历经70余年，出场故事人物中有名者达440多个，绝大部分篇幅描写源氏公子和他平生遇到的女性，反映了当时日本宫廷贵族的生活、思想及争权夺势的斗争，折射出日本当时的社会现实，是日本中古物语文学的典范，代表了物语文学的高峰。

世界上写作时间最长的小说——《浮士德》 《浮士德》取材于德国16世纪关于浮士德博士的传说，是欧洲文学的古典名著之一。为完成这部名著，德国著名诗人歌德用了60年的时间。小说描写了主人公浮士德从书斋、市民社会小世界走向政治、历史大舞台的过程。

歌德

世界上最短的古典小说——《陨盗》 中国晋代诗人陶渊明写过一篇只有25个字的小说，题目叫《陨盗》，其内容是："蔡裔有通气，声若雷震。尝有二偷儿入室，裔附床一呼，二盗俱陨。"这篇小说虽然篇幅短小，但生动传神，情节完整离奇，堪称世界上最短小精悍的古典小说。

《水浒传》绣像

世界上描写人物最多的小说——《水浒传》 《水浒传》是我国著名的长篇章回体小说，成书于元末明初，是中国古典四大名著之一。据统计，全书中描写的人物，有名有姓的有577位(其中包括主要人物108位)，有名无姓的有9位，无名有姓的有99位，书中提到但没有出场的有102位，共计787位，超过中外任何一部小说中描绘到的人数量，是世界上描写人物最多的小说。

文学家之最

埃斯库罗斯雕像

世界各国的文学家凭借他们的聪明才智和艰辛创作，奉献给人类无数的精神财富。由于文学家们所处历史年代及生活背景的不同，他们在各自的创作领域所做出的成就也不同，如萨福是古希腊时期的女诗人，也是世界上最早的女诗人；埃斯库罗斯是世界上最早的悲剧作家；阿里斯托芬则是世界上最早的喜剧作家。

世界上最早的女诗人——萨福　萨福出身于古希腊贵族家庭，是世界上最早的女诗人。她写有9卷诗，其中最著名的诗有《给阿那克托里亚》《献给美神》等。她的语言朴素自然，音调柔和。在近代欧洲，不少诗人袭用她用过的三行长、一行短的诗歌体裁，并称之为“萨福体”。

世界上最早的悲剧作家——埃斯库罗斯　埃斯库罗斯出生在雅典，是古希腊三大悲剧作家之一，同时也是世界上最早的悲剧作家。相传埃斯库罗斯创作了90部悲剧，其中最著名的作品是《被缚的普罗米修斯》。此外，埃斯库罗斯首次打破当时的演出格局，完成了从集体歌舞向戏剧的飞跃，被称为“悲剧之父”。

福尔摩斯的形象

世界上最早的喜剧作家——阿里斯托芬　阿里斯托芬，约公元前446年～前388年生活在雅典，是世界上最早的喜剧作家，对欧洲的喜剧发展产生了深远的影响。他的主要代表作品有《阿哈奈人》《和平》等。他创作的喜剧大多取材于雅典的社会生活，其形式自由奔放，想象力丰富，善于运用夸张的手法、荒诞的情节和口语化的诙谐语言。

阿里斯托芬的喜剧场景
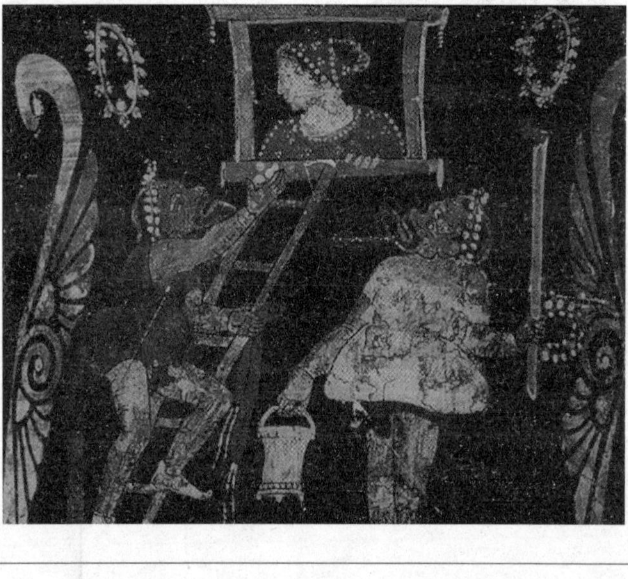

世界上最著名的侦探小说家——柯南·道尔　柯南·道尔是英国，也是世界上最著名的侦探小说家、剧作家。他毕业于爱丁堡医科大学，行医10余年，1891年弃医从文，遂成侦探小说家。其名作《福尔摩斯探案全集》中的福尔摩斯已成为世界上家喻户晓的人物。英国著名小说家毛姆曾说：“和柯南·道尔所写的《福尔摩斯探案全集》相比，没有任何一部侦探小说曾享有那么大的声誉。”柯南·道尔也因此被称为“英国侦探小说之父”。

世界上最著名的童话作家——安徒生 丹麦作家安徒生是世界上最著名的童话作家。从1835年开始创作，到1875年去世，安徒生共为后人留下了168篇童话故事，被译成80多种文字传遍世界各地。他的主要作品有《皇帝的新装》《卖火柴的小女孩》和《海的女儿》等。

安徒生作品——《拇指姑娘》插图

安徒生与丑小鸭的雕像

世界上最早获得诺贝尔文学奖的人——苏利·普吕厄姆 世界上首届诺贝尔文学奖是1901年在瑞典文学院颁发的，其得主是法国诗人苏利·普吕厄姆。苏利·普吕厄姆出身于巴黎上层资产者家庭，1859年毕业于巴黎大学，获得了工学学士学位，不久后又攻学法律，做了4年律师。从1864年起，苏利·普吕厄姆开始创作诗歌，发表了第一部诗集《节日与诗》，这标志着他诗人生涯的开始。从19世纪70年代后半期开始，普吕厄姆创作了许多富有哲理的诗歌。1881年，普吕厄姆当选为法兰西学院院士，并于1901年获得了第一届诺贝尔文学奖。

世界上最早编写纪传体史书的文学家——司马迁 《史记》是世界上最早的纪传体历史著作，它的作者司马迁也是世界上最早编写纪传体史书的文学家。司马迁生活在中国的西汉年间，从小博览群书，20岁时开始游历祖国各地，后来做了太史令，有机会阅读大量的史料，为编写《史记》打下了基础。《史记》记述了从传说中的黄帝到汉武帝末年近3000年的历史，在中国文学史和史学史上都有着崇高的地位。

司马迁

世界上最著名的科幻小说家——儒勒·凡尔纳 儒勒·凡尔纳是法国19世纪的作家，被誉为“科幻小说的鼻祖”，是世界上最著名的科幻小说家。1863年，他出版了第一部科幻小说《气球上的星期五》，十分畅销。其主要代表作品有《八十天环游地球》《海底两万里》等。

世界上稿酬最高的作家——海明威 海明威是蜚声世界文坛的美国现代著名小说家，其代表作有《老人与海》《太阳照常升起》等。1961年1月，海明威为《体育画报》写了一篇关于斗牛的短文，全文不过2000字，稿酬却高达3万美元，平均每一个字值15美元，这可算文坛最高的稿酬了。

海明威

绘画之最

绘画是人类最重要的艺术语言之一。无论是在东方，还是在西方，凡是有人的地方，就有绘画相伴而生。世界上最古老的绘画是两万多年前的人绘制在石壁上的。随着人类的进步，绘画的表现方法越来越多，绘画工具、颜料和绘画技法都在不断改进。

阿尔塔米拉洞穴内的壁画

国画精品——《孟蜀宫妓图》

世界上最古老的绘画 1879年，考古学家在西班牙北部德尔东35千米处发现一个名叫阿尔塔米拉的洞穴。人们发现，在洞穴的顶上和壁上，绘满了成群的鹿、马、牛等富有动感的动物。据考证，这些画大约是旧石器时代后期的人绘制的，距今已有两万多年的历史，算得上是世界上最古老的绘画作品了。

世界上最古老的画种——国画 国画是中国画的简称，是世界上最古老的画种。早在春秋战国时期这一画种就已形成。国画有很多艺术上的分科，以画幅的形式来分主要有屏障、卷轴、扇面、壁画等。对于一幅传统的国画来说，还要把诗、书、画、印结合起来。古人流传至今的许多国画都是中华民族乃至世界艺术的宝贵财富。

世界上规模最大的古代风俗画——《清明上河图》 《清明上河图》是中国北宋画家张择端的作品。此画高22.5厘米，长525厘米，画中描写了清明时节北宋京城汴梁及汴河两岸的繁华景象和自然风光，是世界上规模最大的古代风俗画。此画现收藏在北京故宫博物院。

《清明上河图》

最早发明磷光画的国家——中国 大约在公元10世纪左右，中国就发明了磷光画，在一本叫做《湘山野路》的书中，我们可以看到古代人对磷光画的描述。欧洲人约翰·卡顿在1768年也制作了磷光画，但这要比中国的磷光画晚800多年。

世界名画——《蒙娜丽莎》

世界上最名贵的肖像画——《蒙娜丽莎》 名画《蒙娜丽莎》是意大利文艺复兴时期最杰出的画家之一——达·芬奇创作的，代表了达·芬奇的最高艺术成就。这幅画现在保存在法国的卢浮宫博物馆内。1911年，这幅画被盗，在世界上引起轩然大波，由此可见它不可估量的价值。后来该画在卢浮宫博物馆几经周折的搜寻下，终于回到了馆中。

丁托列托创作了世界上最大的油画。

世界上最大的油画——《天堂》 《天堂》是意大利文艺复兴时期的重要画家丁托列托的作品。此画于1509年完成，高10米，宽25米，画中共有700多个人物，篇幅巨大，构思精妙，是世界上最大的油画，在世界美术史上占有重要的地位。

世界上作品最多的画家——毕加索 毕加索是西班牙画家，在他近80年的绘画生涯中，总共创作了1.35万幅画、10万件雕版作品，晚年还制作了大量雕刻和陶器等艺术品，是世界上作品最多的画家。

青年时期的毕加索

世界上最昂贵的10幅画

画名	画家	出售价
《拿烟斗的男孩》	毕加索	1亿416万美元
《加谢医生的肖像》	凡·高	8250万美元
《殴打婴儿》	鲁本斯	7350万欧元
《红磨坊的舞会》	雷若阿	7810万美元
《没胡子的自画像》	凡·高	7150万美元
《对无辜者的屠杀》	鲁本斯	4950万英镑
《双臂抱胸的女人》	毕加索	5560万美元
《鸢尾花》	凡·高	5390万美元
《梦》	毕加索	4840万美元
《静物》	塞尚	6050万美元

世界上最早的漫画家——威廉·荷加斯 威廉·荷加斯是英国著名的油画家和版画家，也是世界上最早的漫画家。他早年创作了《妓女生涯》和《浪子生涯》两幅漫画，而他最著名的代表作是在1743年～1745年间，用6幅油画组成的连环组画《时髦婚姻》。在艺术史上，人们通常都把这幅作品看成漫画的雏形，把荷加斯称为“最早的漫画家”。

雕塑作品之最

传统的雕塑一般是指雕刻雕像和塑造塑像。雕刻是从硬质材料如石头、金属或木头中，凿去多余的部分而做成雕像的过程。塑造是指利用黏土、熟石膏和蜡之类可塑性强的材料逐步成型的塑造过程。早在两万年前的旧石器时代，世界上就出现了最早的雕像。此后，随着人类雕塑水平的提高，许多闻名世界的雕塑作品相继问世。

断臂维纳斯像

世界上最早的雕像——威伦道尔夫的维纳斯雕像 威伦道尔夫的维纳斯雕像大约是两万年前旧石器时代的雕塑作品，是世界上最早的雕像。这类雕像的特点是：裸体，矮胖，乳大而下垂，腹部及臀部突出，这表现的是古代人们希望繁殖多产、人丁兴旺的思想。在罗马神话中，女神维纳斯掌管着人类的爱情婚姻和生育以及一切动植物的生长和繁殖，所以，这些裸体女雕像也就被称为“维纳斯雕像”了。

威伦道尔夫的维纳斯雕像

自由女神雕像

世界上最大的金属雕像——自由女神雕像 自由女神雕像矗立在美国纽约港口，总高度93米，是法国雕塑家巴托尔迪创作的世界上最大的金属雕像。雕像中的女神身穿古式长袍，头戴七叉冠，左手抱着刻有美国独立日的书板，右手高擎象征自由之光的巨大火炬，脚下残留着被挣断的铁锁。一直以来，这座金属雕像被认为是美国的象征。

世界上最流行的雕刻作品——《米洛的阿芙洛狄特》 《米洛的阿芙洛狄特》就是我们熟悉的断臂维纳斯像，它是19世纪初一位名叫沃高斯的农民在爱琴海南部的米洛斯岛的山洞中发现的。它的出现曾轰动了整个欧洲艺术界。长期以来，《米洛的阿芙洛狄特》一直是世界上最流行的雕刻作品，很多人都在模仿它进行雕刻。

世界上佛像最多的地方——云冈石窟 云冈石窟坐落于中国山西省大同市西16千米处，洞穴群成东西走向，绵延约1000米，现存主要洞窟53个，洞内佛像达5.1万个，是世界上佛像最多的地方。这处宏伟的艺术工程基本上都是中国北魏时期的产物，距今已有1600多年的历史。

云冈石窟

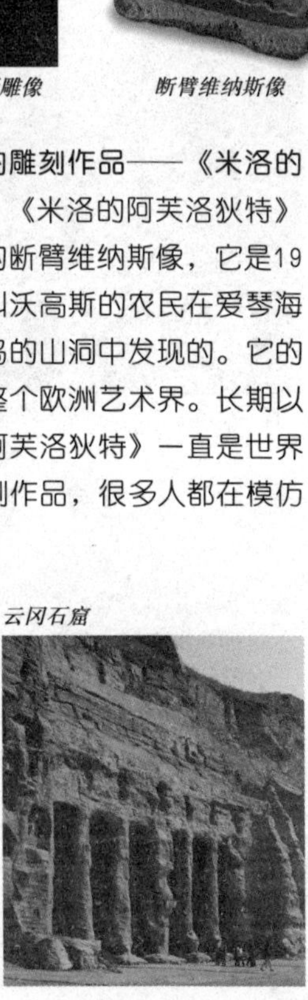

世界上最大的石刻坐佛——乐山大佛 乐山大佛坐落在中国四川省岷江南岸凌云山的崖壁上，是世界上最大的石刻坐佛。佛像高71米，其头顶上的头发共有1021个螺髻，每个螺髻间都可以放下一张大圆桌。大佛肩宽28米，耳朵长7米，耳朵里可以钻进两个人。佛像的脚背宽8.5米，可以围坐100多人。

乐山大佛

世界上最高的塑像——“祖国母亲”塑像 坐落在俄罗斯伏尔加河边的“祖国母亲”塑像是世界上最高的塑像，这座塑像是为纪念第二次世界大战中在斯大林格勒保卫战中壮烈牺牲的苏军英雄而建造的。塑像身高52米，连同顶端的宝剑共高85米，台基高16米，重量达6万吨。

扎什伦布寺内的强巴佛

世界上最大的铜佛——强巴佛 在中国西藏日喀则的扎什伦布寺内有一尊金光闪闪的强巴佛，这座佛像是1914年在九世班禅的主持下铸造的，佛像高26.2米，肩宽11.5米，肩上可放一辆卡车，耳长2.8米，手长3.2米，手心里可放下两张乒乓球台，是世界上最大的铜佛。

世界上最古老的大型雕像——斯芬克斯狮身人面像 位于哈扶拉金字塔前面的斯芬克斯狮身人面像是哈扶拉金字塔巨大的守护神，迄今为止已有4600多年的历史，堪称世界上最古老的雕像。这尊斯芬克斯狮身人面像由一整块巨型岩石雕制而成，石像身长约73米，高21米，脸宽5米。据说这尊雕像的头像是按照法老哈扶拉的样子雕成的。

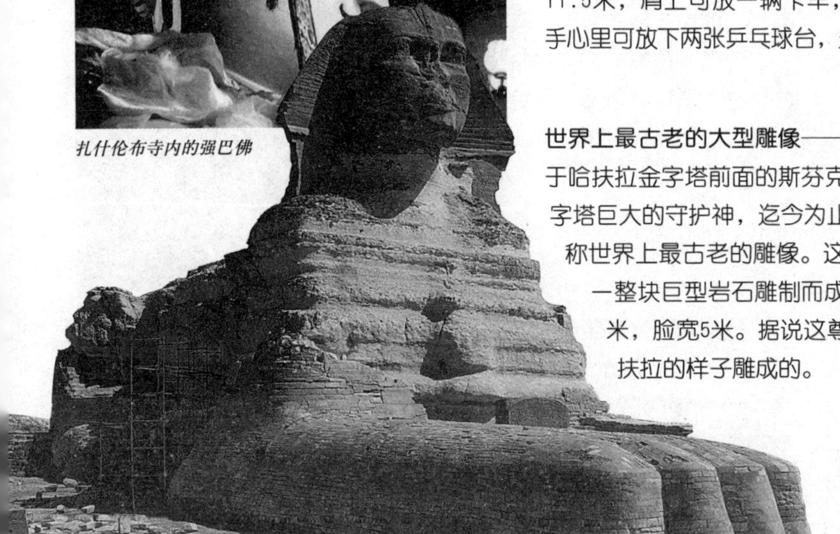

斯芬克斯狮身人面像

音乐之最

音符是音乐的起点。音乐家把各种音符组成规律、悦耳的形式，便形成了世界上多种多样的音乐形式，如戏曲、歌剧等。此外，按照音乐的类型，音乐又可分为古典音乐、民族音乐、流行音乐等。当人们把这些音乐采取演奏或歌唱的形式表现出来的时候，便形成了音乐作品。

阿波罗之子奏乐雕像

世界上最早的戏曲——角抵百戏 角抵百戏不仅是世界上最早的戏曲，也是中国古代文化、艺术、体育的综合表现形式。西汉中叶以后，角抵百戏开始盛行，也是在这个时候，角抵百戏开始用于招待外宾，大大促进了中国各民族之间及中国与外国之间的文化、艺术、体育交流。

荷兰国旗的颜色与国歌有密切关系。根据荷兰国歌的诠释，国旗中的红色表示国民虽身经战乱，但勇气犹存；白色体现了人民对新教的坚定信仰，以及对神灵赐福大众的期待之情；蓝色表达了人民对祖国的热爱和忠诚。

世界上最古老的国歌——《威廉·凡·拿骚》 荷兰国歌《威廉·凡·拿骚》是世界上最古老的国歌。这首歌的歌词创作于1568年前后，曲调产生于1572年之前，歌词和曲调的作者均不详。据说，这首歌来源于群众中流传的一首名为《乞丐》的歌。继荷兰国歌之后，各国相继产生了风格各异的国歌。

世界上现存最早的歌剧——《尤丽狄西》 1600年，诗人里努奇尼和作曲家佩里、卡奇尼共同创作了世界上现存最早的歌剧作品——《尤丽狄西》。这部歌剧取材于古希腊神话，将音乐与戏剧结合，1600年在佛罗伦萨首演，深受人们的欢迎。从此，歌剧从佛罗伦萨的贵族里走了出来，变成了大众的艺术。

最早的歌剧大多取材于古希腊神话。

世界上最昂贵的音乐手稿——莫扎特的9部交响乐手稿 1987年5月22日，莫扎特的9部交响乐手稿在英国伦敦索斯比拍卖行售出时，标价高达439.45万美元，创下了音乐手稿售价的最高记录。这批手稿中包括交响乐第二十二号到第三十号，它们都是1773年～1774年莫扎特在奥地利萨尔兹堡创作的。

音乐手稿

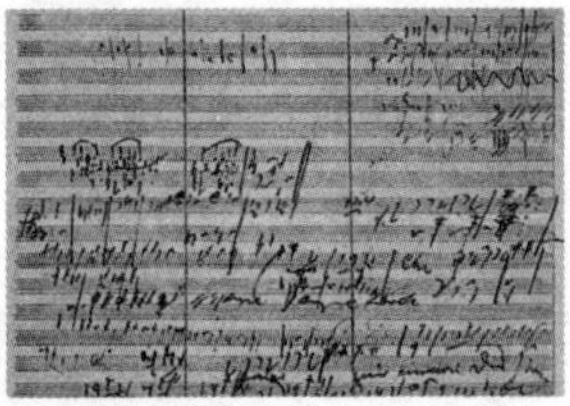

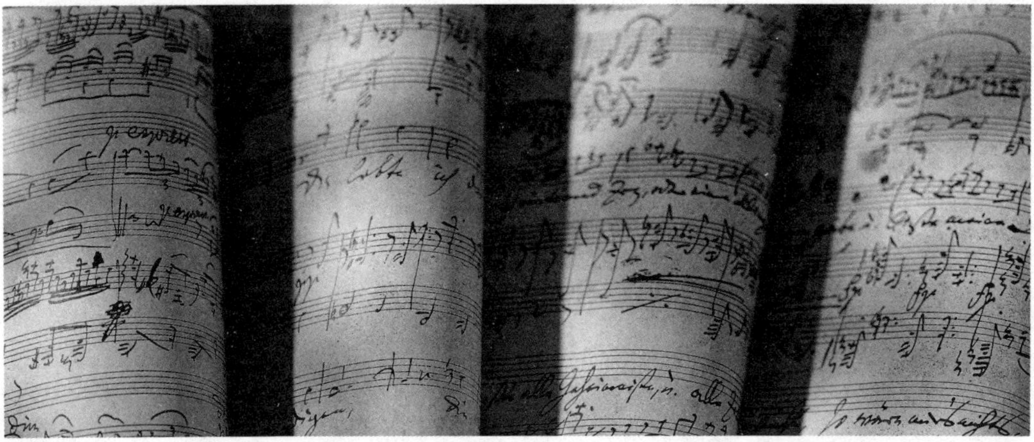

音乐作品

世界上篇幅最大的音乐作品——《情绪·印象·回忆》 捷克斯洛伐克作曲家日登内克·菲比赫创作的钢琴套曲《情绪·印象·回忆》是世界上篇幅最大的音乐作品。这部钢琴套曲包含了376首乐曲，演奏完这首巨型音乐作品得用好几天的时间。据传，某乐团在连续演奏此作品时，竟连续有几个乐手病倒了。

音乐之最

音乐之最	作品	作者	所创记录
最长的歌剧	《纽伦堡的名歌手》	R·瓦格纳	5小时15分
最长的交响乐	《第二交响曲》	H·布赖恩	1小时39分
最安静的曲目	《4分33秒》	J·凯奇	寂静长达4分

世界上最单调的歌曲——《单音》 《单音》是德国著名音乐家彼德·柯尔内都斯于1859年完成的作品，全曲只用了一个音，即小字组b(简谱c调中的b)。它通过各种节奏音型的变换，在全曲30个小节中重现了80次，是世界上最单调的歌曲。

舞台上的芭蕾舞演员

世界上演出时间最长的芭蕾舞曲——《睡美人》 《睡美人》是由俄罗斯作曲家柴可夫斯基创作的。1889年春夏之交，著名的俄籍法裔芭蕾舞编舞大师马留斯·彼季帕完成了一部爱情战胜死亡的舞剧本《睡美人》，他邀请柴可夫斯基为这部三幕五场的芭蕾舞剧作曲，柴可夫斯基在42天内就完成了《睡美人》钢琴谱，在演出中演奏时间长达5个多小时，获得了巨大成功。

世界上最长的古典交响曲——《第三交响曲D调》 《第三交响曲D调》是奥地利音乐家马勒的作品，创作于1895～1896年，是古典交响曲中最长的一曲。马勒出身低微，他的作品在生前并没有为世人所接受。他死后不久，其作品终于被全世界认可。《第三交响曲D调》出奇地长，仅第一乐章就历时45分钟，演奏完6个乐章需要1小时34分钟。

音乐家之最

人类从原始社会开始就有了音乐，随着音乐家的不断努力和开拓创新，音乐在人类历史发展的各个时期都取得了特有的辉煌成果。作曲家特利曼一生中创作了近1000种音乐作品，成为世界上作品最多的音乐家。贝多芬在古典音乐的基础上开创了浪漫主义音乐，成为世界上最伟大的音乐家。多明戈则是世界上谢幕次数最多的歌唱家。

莫扎特

最早创建欧洲古典音乐的音乐家——约翰·塞巴斯蒂安·巴赫 约翰·塞巴斯蒂安·巴赫于1685年出生在爱森那赫城的一个著名音乐世家，是德国最伟大的古典作曲家之一。巴赫的作品以复调手法为主，构思严密，富于哲理性和逻辑性，并在德国民族音乐的基础上，集16世纪以来尼德兰、意大利和法国等国音乐之大成，达到了巴洛克音乐发展的顶峰，被誉为“欧洲古典音乐的鼻祖”“西方音乐之父”和“不可超越的大师”。

巴赫纪念像

世界上最著名的神童作曲家——莫扎特 莫扎特是奥地利著名的作曲家，他在很小的时候就显露出超人的音乐才华。5岁时，莫扎特就弹得一手优美的钢琴；8岁时，莫扎特完成了3首交响乐和几首奏鸣曲；12岁时，莫扎特为维也纳歌剧院写了歌剧《假傻姑娘》；14岁时，莫扎特为意大利米兰歌剧院写了歌剧，并亲自指挥演出，连演20场，场场爆满。

莫扎特被誉为“音乐神童”。

世界上作品最多的作曲家——特利曼 特利曼是18世纪德国的作曲家，在他从事音乐创作的生涯中，完成了供一年使用的12套礼拜乐曲，还创作了78种其他场合用的乐曲。此外，他还创作了40部歌剧，700首弦乐曲，44首受难曲和若干首协奏曲及室内乐，是世界上作品最多的作曲家。

世界上最伟大的作曲家——贝多芬 贝多芬是德国作曲家，1787年赴维也纳，结交了莫扎特等众多音乐名家，在艺术上产生了巨大飞跃，成为维也纳古典乐派的代表人物和19世纪浪漫乐派的开山之父。其著名作品有《命运交响曲》《英雄交响曲》等。他对同时代及以后的欧洲艺术发展起到了决定性作用，被认为是世界上“最伟大的作曲家”。

贝多芬

世界上作曲最快的音乐家——舒伯特 奥地利作曲家舒伯特是有名的“突发”天才，他的许多经典名作几乎都是在很短的时间内完成的，如著名的《听！云雀》《摇篮曲》都是仅用了十几分钟就完成的。舒伯特一生创作了600多首歌曲，几乎都是一挥而就的。

舒伯特(钢琴旁)在举办音乐会。

世界上登台次数最少的演奏家——盲人阿炳 阿炳原名华彦钧，江苏无锡人，精于演奏各种民族乐器，共留下《二泉映月》《听松》《寒春风曲》等3首二胡曲和《大浪淘沙》《龙船》《昭君出塞》3首琵琶曲。由于出身卑微，阿炳一直没有登台表演的机会。在1951年一次春节晚会上，他终于第一次登台演出，但此后不久便去世了，成为世界上登台次数最少的演奏家。

盲人阿炳

世界上最多产的指挥家——赫伯特·冯·卡拉扬 奥地利著名指挥家赫伯特·冯·卡拉扬至1989年去世时，共录制过650多张古典音乐唱片，被称为“最多产的指挥家”。卡拉扬一生先后在柏林爱乐乐团、维也纳国家歌剧院乐团、米兰拉斯卡拉歌剧院乐团和柏林交响乐团担任指挥。

最成功的少女古典音乐演奏家——夏洛特·丘奇 1998年，年仅12岁的威尔士少女夏洛特·丘奇凭借其专辑《天使之声》高达30万张的销量，赢得双白金唱片。这张专辑同时也为这个天才演奏家赢得了澳大利亚和新西兰的金唱片。与索尼公司签约后，夏洛特曾在伦敦帕拉迪姆剧院和皇家阿尔伯特厅进行精彩演出，被誉为“最成功的少女古典音乐演奏家”。

夏洛特·丘奇

被世人称为“三高”的演唱家，从左到右依次为：多明戈、卡雷拉斯、帕瓦罗蒂。

世界上谢幕次数最多的歌唱家——帕拉切多·多明戈 帕拉切多·多明戈是西班牙男高音歌唱家，也是当今首屈一指的歌坛名人。1983年7月5日，多明戈在奥地利维也纳国家歌剧院演出歌剧《波希米亚人》时，雷鸣般的掌声长达1个半小时，多明戈谢幕达83次，成为世界上谢幕次数最多的歌唱家。

艺术团队之最

音乐的完美演绎需要各种乐器和精通乐理知识的音乐家们共同配合，各类艺术团队的出现将音乐演绎得更加完美出色。世界上最小的乐队是由一位多才多艺的人组建的单人乐队，而世界上最大的音乐演出团却由两万多人组成。世界上最早的爵士乐队虽然在20世纪末期才出现，但却以旋风般的速度风靡全球。

世界上最小的乐队由一个人组成。

世界上最大的音乐演出团 1872年，波士顿和平节的组织者邀请“圆舞曲之王”小约翰·施特劳斯到美国马萨诸塞州指挥演出。当施特劳斯第一次来到音乐会排练场时，一个罕见的场面使他大吃一惊：参加排练的是由近两千名乐师和两万人组成的巨型合唱队，乐队还增配了一个由大小铁砧、火警钟和参差不齐的钢轨所排成的“编钟”，以及由一个直径为5.5米的“鼓王”为主组成的打击乐器组。施特劳斯站在一个像瞭望塔的高台上挥动着两臂，几十名副指挥用望远镜注视着他，再模拟他的每一个动作传达给自己负责指挥的那部分演奏者。

小约翰·施特劳斯（拉小提琴者）被誉为“圆舞曲之王”。

世界上最小的乐队 美国人克里斯托弗·特里一个人组成了一个乐队。演出时，只见他在舞台上迅速地来回奔忙，一会儿吹黑管，一会儿吹长笛，一会儿打鼓，一会儿敲锣，有条不紊，演奏自如。据说，这个一人乐队曾在世界许多国家巡回演出，很受观众们的欢迎。

海顿(穿红衣者)组建了世界上最早的弦乐四重奏乐队。

世界上最早的弦乐四重奏乐队 今天，弦乐四重奏被认为是最高雅、最富于表现力的一种音乐形式。1775年，23岁的奥地利作曲家海顿受聘于冯贝格伯爵，他把两只小提琴分为两个声部，让中提琴充当内声部，使和声效果更为丰富，并用大提琴替代大键琴来演奏低音部，于是，世界上第一个弦乐四重奏乐队就成立了。

世界上最大的军乐队 1985年4月1日，洛杉矶道吉斯体育馆汇集了世界上最大的军乐团。这个军乐团由3182名音乐家、13422名军乐队队员和来自这个地区52所高中的45242名操练人员组成。乐队共演奏了国歌等四首乐曲。

莎士比亚名剧《麦克白》中的场景

世界上最著名的话剧团——莎士比亚话剧团 英国皇家莎士比亚话剧团是世界上公认的莎士比亚著作及其他古典戏剧作品最权威的演绎者。剧团定期在欧洲、美洲、亚洲和澳洲进行巡回演出，他们以其杰出的艺术成就和一流的表演赢得了广泛的国际声誉，成为世界上最著名的话剧团。

新奥尔良的爵士乐队

世界上唱片最畅销的乐队——甲壳虫乐队 甲壳虫乐队是1960年由约翰·列侬、保罗·卡麦锡、乔治·哈里森和林里·斯达尔组成的一个乐队。1962年9月，该乐队发行了第一张唱片。1964年第一季度，乐队的唱片销量便高达美国唱片总销量的60%。此后，该乐队的唱片销量20次登上美国排行榜首位，17次登上英国排行榜首位，成为世界上唱片最畅销的乐队。

世界上最早的爵士乐队 1900年前后，新奥尔良黑人音乐家巴迪·波尔汀组建了世界上最早的爵士乐队，这个爵士乐队的演奏风格对以后的爵士乐产生了很大的影响。没有任何一种音乐曾以如此迅猛的速度风靡全世界。

行进乐队

甲壳虫乐队

最大的行进乐队 1973年1月20日，在美国首都华盛顿宾夕法尼亚大道上出现了一支史无前例的庞大行进乐队。这个乐队由1976名演奏员组成。为了使演奏整齐划一，乐队共设有54名指挥。

报纸杂志之最

目前，报纸和杂志已作为一种便利的文化快餐，遍布世界各个国家和地区。继2000多年前中国出现的世界上最早的报纸——邸报后，报纸以其独特的优势在世界各地逐步发展起来。如今，发行量最大的报纸是《读卖新闻》，发行量最大的杂志是《读者文摘》。

世界各国最早的报纸

国家	报纸名称
英国	《伦敦周报》
美国	《波士顿新闻通信》
法国	《法兰西公报》
日本	《东京每日新闻》
俄国	《新闻报》
韩国	《东亚日报》

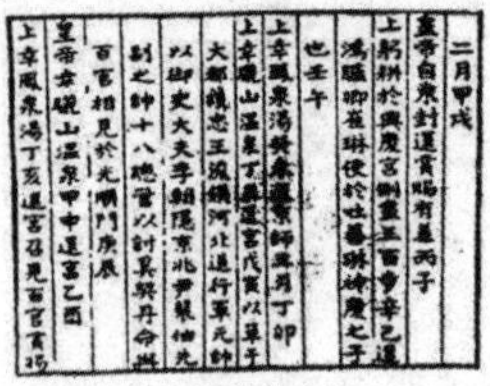

据史料仿制的古代邸报

世界上最早的报纸——邸报 早在2000多年前的西汉时期，中国就出现了世界上最早的报纸——邸报，其主要内容为皇帝的御旨、诏书、大臣的奏议等官方文书和京城近来发生的重大事件。最初，这些内容写在竹简上或绢帛上被信使骑快马送到各地的官员手中。从唐代开始，邸报开始使用纸张，并且采用雕版印刷了。

The Times – the compact newspaper – 01.11.04

THE TIMES

BILL BRYSON NOTES FROM THE BIG ELECTION T2 THEGAME

Post Office sell-off

Casinos must wait

Out of credit

FREE AIRMILES

Hostage threat

Ukraine protests

'Bin Laden's video has helped the Bush campaign'

Cancer-free 'designer babies' get approval

Kettle tax
Electrical giants demand £15 levy to pay for recycling

Spring out
The essential guide to next season's fashion trends

《泰晤士报》

世界上发行量最大的报纸——《读卖新闻》 《读卖新闻》于1874年11月在日本的东京创刊，是目前世界上发行量最大的报纸。从1997年开始，《读卖新闻》就是世界上发行量最大的报纸了。据统计，1999年3月，该报的发行量达到1442万份。《读卖新闻》报的文字比较通俗浅显，是一种大众性报纸。目前，报纸还推出了英文版和日文版的网络版。

正在看报纸的人

世界上最早刊登天气预报的报纸——《泰晤士报》 1975年4月1日，伦敦的《泰晤士报》上刊登了天气预报，成为世界上第一份刊登天气预报的报纸。由于受当时天气探测技术的限制，早期的天气预报往往使用意思模糊的词语，如“晴时多云，偶有阵雨”等。虽然只有几个简短的字，但仍然引起伦敦人极大的兴趣。

中国是世界上最大的报纸消费国。

世界上最大的报纸消费国——中国　据世界报业博览会公布的数字，中国是目前世界上最大的报纸消费国。据统计，中国报纸的日发行量达到8200万份，也就是说中国报纸的日消费量也大约是8200万份。在这些报纸中，发行量超100万份的就有8家，它们分别是：《参考消息》、《人民日报》、《扬子晚报》、《广州日报》、《羊城晚报》、《新民晚报》、《楚天都市报》和《南方周末》。

世界上最早的日报——《莱比锡新闻》　1660年，《莱比锡新闻》在德国创刊，这是世界上最早的日报。这份报纸最初为周报，后改为日报。该报评论性内容很多，新闻较少。

世界上第一本以“杂志”命名的刊物——《绅士杂志》　近代第一本以“杂志”命名出版的刊物，是英国人凯夫于1731年创办的《绅士杂志》。这本杂志可以称得上是包罗万象，包含有文艺、科学和新闻等诸多领域的内容。

一期美国《时代》周刊的封面

世界上销量最大的杂志——《读者文摘》　1922年，美国的华莱士夫妇凭借1800美元的资本在纽约创办了《读者文摘》杂志。1939年，该杂志发行量达到300万份，并开始出版英国版。目前，它每年出版48期，用19种语言在60多个国家出版发行，月发行量近2800万册，读者达1亿人左右，是世界上销量最大的杂志。

发行量最大的新闻周刊——《时代》周刊　美国《时代》周刊是世界上发行量最大的新闻周刊，也是美国最具权威的国际性时事周刊。这个刊物是1923年3月由布里顿·哈顿和亨利·鲁斯一起创办的。20世纪70年代，《时代》周刊就成为世界上发行量最大的新闻周刊了。现在，它每周的发行量已经超过了600万份，遍及全世界多个国家和地区。

刊登在美国《读者文摘》中的照片

影视作品之最

早期拍摄有声影片时的场景

19世纪末20世纪初，随着世界上第一台电影机和电视机的相继诞生，伟大的影视时代开始了。电影和电视不仅丰富了人们的业余生活，还记录和反映了人类社会各个时代的文化传统及社会背景，促进了人类文化事业及经济的发展。从世界上最早的电影《工厂大门》、最早的电视剧《嘴里叼花的人》起，各种各样的影视作品给人们的生活增添了无限乐趣。

世界上最早的影片——《工厂大门》 1895年3月22日，在法国巴黎“本国工业提倡协会”上，放映了世界上第一部电影片《工厂大门》。影片以设在法国里昂的卢米埃尔兄弟自己家的工厂为背景，拍摄工人下班的场景。当工厂的大门打开时，系着围裙的女工们和骑着自行车的男工们有说有笑的从工厂里出来，随后，厂主乘坐着一辆由两匹马拉着的马车驶进工厂，大门又重新关上。虽然当时的短片只是黑白片，而且没有声音，但仍然受到人们的热烈欢迎。这部影片是由法国人路易·卢米埃尔拍摄的，他也因此获得了“电影之父”的美称。

最早的动画电影是《白雪公主》。

世界上最早的有声影片——《爵士歌王》 在19世纪末期电影诞生以后的很长一段时间内，电影只有画面，没有声音，因此，这个时期也被人们称为“默片时代”。1927年，美国著名的华纳兄弟制片公司推出了人类历史上第一部有声电影——《爵士歌王》，影片叙述了一位贫穷的犹太歌手成长为爵士歌王的经历，实现了电影史上从无声到有声的革命。

世界上最早的长篇动画电影——《白雪公主》 1937年，美国迪斯尼公司推出了根据《格林童话》改编的动画电影《白雪公主》。经过沃特·迪斯尼历时4年、耗资150万美元的艰苦努力，终于制作出了这部世界上最早的长篇动画电影，同时，它也是世界上第一部彩色动画电影。该影片获得了第11届奥斯卡特别金像奖、奥斯卡特别成就奖等多种奖项。

剧院放映着卢米埃尔早期拍摄的短片，观众们津津有味地观看。

世界上最早获奥斯卡最佳影片奖的彩色影片——《乱世佳人》
世界上第一部获得奥斯卡最佳影片奖的彩色影片是《乱世佳人》。这部影片于1939年由美国塞尔兹尼克国际电影公司出品，被誉为电影史上最经典的作品之一。该片是根据美国女作家玛格丽特·米切尔的小说《飘》改编的，讲述了南北战争期间庄园主家的千金小姐郝思嘉与商人白瑞德之间的爱情故事。影片耗资400多万美元，历时三年半，赢得了当年奥斯卡最佳影片、最佳导演、最佳女演员等8项大奖。

影片《乱世佳人》剧照

图为影片《甘地》中的剧照，表现的是印度人民为甘地送葬的壮观场面。

世界上使用群众演员最多的电影——《甘地》 1982年，由英国导演理查德·阿滕伯勒执导的影片《甘地》动用30万群众演员参加了影片中甘地葬礼场面的拍摄，是世界上使用群众演员最多的一部电影。为了拍摄这一场景，理查德派出了11个拍摄小组，共拍摄了6096米长的胶片，而葬礼场面剪辑后只有125秒。

在《阿凡达》之前，《泰坦尼克号》曾经是世界电影史上的票房冠军。

世界上票房收入最高的影片——《阿凡达》 到目前为止，电影史上票房收入最高的影片是美国电影《阿凡达》。该片由著名导演詹姆斯·卡梅隆执导，二十世纪福克斯出品。影片耗资超过5亿美元，也是电影史上成本最高的电影。从2009年12月18日上映以来，到2010年7月11日，《阿凡达》在全球的票房总收入已超过27亿美元。

最早获奥斯卡电影奖的10部影片

届别	片名
第1届(1927～1928)	《翼》
第2届(1928～1929)	《百老汇的旋律》
第3届(1929～1930)	《西线无战事》
第4届(1930～1931)	《壮志千秋》
第5届(1931～1932)	《大饭店》
第6届(1932～1933)	《乱世春秋》
第7届(1933～1934)	《一夜风流》
第8届(1934～1935)	《叛舰喋血记》
第9届(1935～1936)	《歌舞大王齐格菲》
第10届(1936～1937)	《左拉传》

近年获奥斯卡电影奖的10部影片

届别	片名
第72届(1999～2000)	《美国丽人》
第73届(2000～2001)	《角斗士》
第74届(2001～2002)	《美丽心灵》
第75届(2002～2003)	《芝加哥》
第76届(2003～2004)	《指环王3：王者回归》
第77届(2004～2005)	《百万美元宝贝》
第78届(2005～2006)	《撞车》
第79届(2006～2007)	《无间道风云》
第80届(2007～2008)	《老无所依》
第81届(2008～2009)	《拆弹部队》

最早的电视剧——《嘴里叼花的人》 最初的电视发明后，只能传送非常简单的画面，而且图像很粗糙。后来，随着电子技术在电视上的运用，电视开始走进公众的生活。1930年7月，英国广播公司播出了皮兰代罗的多幕电视剧《嘴里叼花的人》，它是世界上公认的最早的电视剧。这部电视剧不仅在屏幕上出现了演员的活动和对话，而且技术上也实现了声音和画面的同步。

博物馆之最

收藏在大英博物馆内的瓶画——《贝列突袭西谛斯》

从古至今，世界各地建成了许多各具特色的博物馆，其中有世界上最大的历史博物馆、世界上最大的玩具博物馆及世界上最大的美术博物馆等，各馆内所藏的物品汇聚了各个领域中的精粹，是人类历史和文明的集中体现。

收藏于卢浮宫美术博物馆内的名画——《胜利花园》

世界上最大的历史博物馆——大英博物馆 大英博物馆建立于18世纪中叶，1759年正式对外开放。馆内有若干个陈列馆，主要包括货币与纪念章馆、埃及文物馆、希腊与罗马文物馆、东方文物馆、人类博物馆等。在这些馆中，分门别类地陈列着众多的珍贵文物，如埃及文物馆中陈列着7万件古埃及的文物，有石雕、木乃伊等。除此之外，馆内还藏有许多世界上仅存的书刊资料，是世界上最大的历史博物馆。

世界上最大的美术博物馆——卢浮宫美术馆 卢浮宫美术馆位于法国巴黎市中心的塞纳河北岸，整体建筑呈“U”型。最初，它是皇宫的城堡，后来又成为皇家图书馆，1793年在此成立了“艺术中央博物馆”，这才形成了近代意义上的博物馆。馆中总藏品达40多万件，包括将近2万件美术作品，是世界上最大的美术博物馆。举世闻名的《蒙娜丽莎》《胜利花园》等名画都藏于其中。

世界上收藏报纸最多的博物馆——亚琛报纸博物馆 在德国的文化古城亚琛，有一家专门从事报纸收藏和展出的博物馆——亚琛报纸博物馆，它是世界上收藏报纸最多的博物馆。馆内收藏有各种文字的报纸约16万份，仅创刊号报纸就有2万多种。博物馆内最大的藏报是比利时的《人民日报》，该报高1.37米，宽1.18米，足有一张书桌那么大。

卢浮宫外景

庞贝古城遗址

世界上最大的地下博物馆——庞贝古城 意大利的庞贝古城被公认为是世界上最大的地下博物馆。公元79年8月24日，那不勒斯湾的维苏威火山突然爆发，山下的庞贝城被全部埋没，直到18世纪才被人们发现，整整掩埋了1600多年。由于在掩埋前庞贝城是罗马的商业中心，因此被发现的遗迹对研究古罗马历史有着极其重要的价值。

吉林陨石博物馆是世界上最大的陨石博物馆，收藏着许多落入地球的陨石。

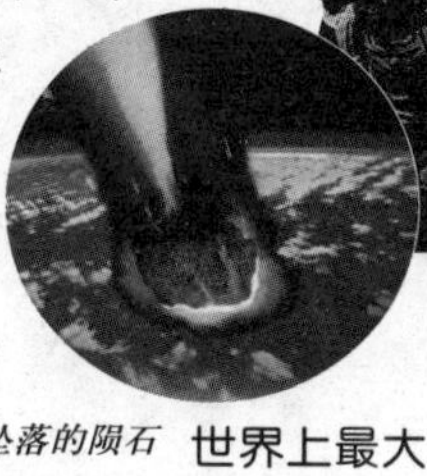

坠落的陨石

世界上最大的陨石博物馆——吉林陨石博物馆 1976年3月8日下午3时左右，在中国吉林省吉林市郊区降落了一场世界上最大的石质陨石雨，降落下来的陨石的总重量达2700千克，吉林陨石博物馆就是在此基础上建立起来的。馆内收藏有陨石标本138块，碎块3000余块，总重2616千克。此外，博物馆还保存了全世界十几个国家赠送的各类陨石标本。

世界上最大的遗址博物馆——秦始皇兵马俑博物馆 秦始皇兵马俑博物馆是1979年在兵马俑坑的发掘遗址上建立的。目前整个博物馆占地面积近200万平方米，设有文物陈列室、铜车马展览室以及两个遗址展厅。该博物馆全面展现了秦始皇陵陪葬坑中气势雄伟的军阵原貌，再现秦始皇当年百万雄师横扫天下的气势。

世界上最大的玩具博物馆——纽伦堡玩具博物馆 纽伦堡玩具博物馆是20世纪20年代由德国人保罗和丽迪亚·拜尔创建的。他们收藏的大量老式玩具成为博物馆的一大特色。博物馆里有公元前1500年的巴比伦玩偶、3000年前制作的埃及玩偶、中国的大阿福泥塑和风筝等各式各样的古老玩具。每年都有来自世界各地的20多万个小孩子和成人来纽伦堡玩具博物馆参观。

秦始皇兵马俑博物馆中的兵马俑

世界上最早的足球博物馆——西金足球博物馆 英国伦敦北部的小城西金拥有世界上第一个足球博物馆——西金足球博物馆。博物馆的创办人威灵格尔是一个狂热的足球迷，他喜欢收藏有关足球运动方面的资料和实物，只要与足球有关，他就一概收集，例如足球明星使用过的物品、足球名将的照片、有关足球的书籍等。此外，他还向各国足球协会发出号召，征集展品，因此他收集到了各式各样的足球队队旗、队徽，球衣、纪念章等，其中很多藏品都弥足珍贵，如20世纪三四十年代居于世界足坛霸权地位的英国足球队著名队长哈普左特的球衣，“球王”曼久斯的球鞋等。

西金足球博物馆里珍藏着许多著名球星的照片，图为世界著名球星马拉多纳。

世界上历史最悠久的科技博物馆——英国科技博物馆 英国科技博物馆是世界上历史最悠久的科技博物馆。它拥有农业、航空、造船、车辆、纺织、气象、原子物理、分析化学等70个展览室。博物馆通过瓦特发明的第一台蒸汽机、“阿波罗10”号指令舱、电子计算机以及对宇宙、海洋、地球和人体进行探测的现代装备，向观众展示了英国工业革命以来，蒸汽机、电的发明和应用、原子能的利用这3次科学技术革命的各项重大成果。

各种各样的彩灯

世界上最早的灯文化博物馆——中国彩灯博物馆 中国彩灯博物馆是1992年在中国四川的自贡建成的，它是一个专门收集、保护、研究和展示中国彩灯的博物馆，也是世界最早的灯文化博物馆。博物馆占地2.2万平方米，馆内设有灯史厅、风情厅以及自贡彩灯厅等多个展厅，各厅层次错落有致，布局独具匠心。馆内的彩灯造型各异，绚丽多彩，堪称古今中外彩灯流派的精华。

瓦特

世界上最早的间谍博物馆——华盛顿国际间谍博物馆 华盛顿国际间谍博物馆位于美国华盛顿特区，总面积达5400平方米，于2002年7月19日正式对外开放，是世界上最早的间谍博物馆。馆内设有间谍学校、间谍战等20多个展厅，陈列着600多件展品，其中许多都是首次在公开展览场所展出，如外表看起来像口红的袖珍手枪，藏有偷听装置的皮鞋等。此外，博物馆还通过大量的图片及文字说明介绍了间谍发展的历史及著名间谍的活动。

利用瓦特发明的蒸汽机制作的蒸汽机车

［第八章］

Part 8

建筑之最

从原始社会起，人类就开始建造各式各样的建筑，以满足人们日益增长的生活需要和社会需求。你知道最大的寺庙建筑群在哪个国家吗？最大的天主教教堂是哪座教堂？海拔最高的宫殿坐落在哪里？规模最大的古代宫殿是什么？最大的陵墓是哪个？最高的纪念碑位于哪里？最高的摩天大楼是哪座？最对称的广场在哪里？……在本章里，人类有史以来建造的建筑之最应有尽有，它们将会使你了解人类在建筑方面取得的成果。

寺庙和教堂之最

自从人类建造了寺庙和教堂以来，它们便以其坚固、敦厚、牢不可破的形象显示了佛法的精深和教会的权威。大多数教堂的内部都有大量宣传基督教教义的装饰壁画、窗玻璃画、浮雕和圆雕，它们高高在上，显得与上帝接近；而寺庙则以庄严肃穆的佛像和寂静的殿堂，向人们宣扬佛教文化的源远流长。

英国著名教堂一览表

名称	建筑年代	特点
圣保罗大教堂	始建于604年	伦敦最大的教堂
威斯敏斯特教堂	始建于11世纪40年代	伊丽莎白二世在此加冕
约克大教堂	中世纪教堂	带有著名的彩色玻璃
坎特伯雷大教堂	始建于9世纪70年代	英国基督教中心
索尔兹伯里大教堂	始建于11世纪初	英格兰尖顶最高的教堂

环绕着阿蒙神庙的狮身羊首雕像

世界上规模最大的神庙群——卡纳克神庙群 卡纳克神庙群位于尼罗河上游的卢克索古城，整个建筑群包括大小神殿20余座，占地面积达100万平方米，是世界上规模最大的神庙群。卡纳克神庙群的主体建筑为供奉太阳神的阿蒙神庙，神庙始建于拉美西斯一世时期，到拉美西斯二世时完成，占地面积约为30万平方米。

吴哥窟遗迹

世界上最大的寺庙建筑群——吴哥窟 吴哥窟坐落在柬埔寨吴哥，始建于9世纪末，是高棉帝国的统治者褚跋摩二世国王的宫殿，也是世界上最大、最复杂的宗教建筑群。整座建筑占地162.26公顷，外墙长1280米，一度有8万人在此居住。

世界上最大的坛庙建筑群——天坛 天坛位于北京市永定门内，是世界上最大的坛庙建筑群。天坛始建于明永乐十八年（1420年），距今已有590年的历史。天坛的总面积为272万平方米，相当于紫禁城的3倍。天坛以其严谨的建筑布局和高超的建筑构造闻名于世。整个建筑呈“回”字形，设计精巧，造型独特。天坛有两重坛墙，分为内坛和外坛两大部分，坛墙北圆南方，象征中国古代的“天圆地方”。

世界上最大的佛教寺庙——婆罗浮屠 婆罗浮屠位于印度尼西亚爪哇岛的中部地区，是古代东方的五大奇迹之一。婆罗浮屠在梵文中的意思是“在一处丘陵上的寺庙”。它是在公元8世纪左右由夏连特拉王朝的国王驱使10万奴隶，花了15年时间才建造完成的。寺庙由5.664万立方米的石料建成，呈正方形的基座边长为123米，总高度达33.5米，是世界上最大的佛教寺庙。

世界上最大的哥特式基督教堂——圣约翰大教堂 圣约翰大教堂位于美国纽约市曼哈顿西北区，教堂总占地面积为1900多平方米，全长180多米，是美国最大的教堂，也是世界上最大的哥特式基督教堂。其主厅最高点达54米，内拱顶有12层楼那么高，宽44米，两边有53根大圆石柱分四排排列，把主厅两侧分为14个区，包括历史区、主教区、律师区、教育区、布道区、教会生活区等。

婆罗浮屠

造型奇特的教堂

圣彼得大教堂

世界上最大的天主教教堂——圣彼得大教堂 圣彼得大教堂位于梵蒂冈圣彼得广场，以耶稣十二门徒之一圣彼得的名字命名，是欧洲天主教最著名的宗教圣地，也是世界上最大的天主教堂。该教堂1506年开始修建，历时120年才竣工。整座教堂占地面积达1.5万多平方米，可同时容纳5万多人。

宫殿、陵墓和纪念碑之最

宫殿是统治者的奢华之屋，历史上有一些统治者不但生前居住在豪华的宫殿里，就连他们死后的陵墓都建造得美轮美奂，以便让世世代代的人们都来纪念他们，如埃及的帝王谷、印度的泰姬陵等。此外，纪念碑也是人们纪念某人或某件事的一种建筑形式，如世界上最高的纪念碑——美国的“西进之门”就是为纪念美国西部大开发200周年而建造的。

世界上规模最大的古代宫殿——故宫 故宫位于北京市中心，又称紫禁城，曾经是明清两代的皇宫。故宫占地面积约72万平方米，其中建筑面积16万平方米，现存古建筑960余座，是世界上保存最完整，同时也是规模最宏大的古代宫殿建筑群。故宫的建筑体现了中国古代建筑的精华，1987年，联合国教科文组织将它列为世界文化遗产。

故宫太和殿

世界上海拔最高的宫殿——布达拉宫 布达拉宫坐落在中国西藏拉萨市西北方的布达拉山上，海拔3700多米，是世界上海拔最高的一座集宫殿、城堡和寺院于一体的宏伟建筑。整个建筑群占地面积约13万平方米，分为红宫和白宫两个部分，红宫居中，白宫横贯两翼。整座建筑依山而建，灵塔金碧辉煌，气势雄伟，是中国藏民族建筑艺术的精华，被誉为“世界屋脊上的一颗明珠”。

故宫乾清宫

世界著名宫殿一览表

名称	所属国家
北京故宫	中国
塞尔维亚的阿尔卡萨尔宫	西班牙
威尼斯的总督府	意大利
伦敦的白金汉宫	英国
巴黎的凡尔赛宫	法国
圣彼得堡的冬宫	俄罗斯

布达拉宫

世界上最大的皇家墓地——帝王谷 在埃及尼罗河西岸的一条山谷中，集中了许多古埃及法老和王室成员的陵墓，这就是著名的帝王谷。这里埋葬着古埃及第十七王朝到第二十王朝期间的64位法老，是世界上最大的皇家墓地。帝王谷中最大的一座坟墓是第十九王朝法老沙提一世之墓，这座墓从入口到最后的墓室，水平距离210米，垂直下降的距离是45米，其豪华程度令人难以想象。

在帝王谷中，人们发现了法老图坦卡蒙的黄金面具。

气势磅礴的兵马俑

世界上最大的陵墓——秦始皇陵 秦始皇陵位于中国陕西省西安市以东30千米处，是世界上最大的陵墓，占地面积212.95万平方米，规模宏大，气势雄伟。其东面1500米处是大型的兵马俑坑，西面是车马陪葬坑及大批刑徒的墓地。据记载，墓内有大量的珠宝玉器。为防被盗，墓里还设有多处暗器机关。

泰姬陵

世界上最著名的伊斯兰风格陵墓——泰姬陵 在印度北部阿格拉市的亚穆纳河畔，有一座世界上最著名的伊斯兰风格陵墓——泰姬陵。它是17世纪莫卧儿王朝的第五位皇帝沙·贾汗为纪念年轻美丽的爱妃蒙太姬而建造的。陵墓包括主体、主体四周的4个伊斯兰教寺院尖塔、主体两侧各有一个红砂石清真寺以及近300米宽的公园绿化场地和中央大水池，是世界公认的“完美无瑕的伊斯兰建筑艺术的代表”。

“西进之门”

世界上最高的纪念碑——“西进之门” “西进之门”是美国圣路易斯市的象征，其高度为190米，是世界上最高的纪念碑。这座纪念碑是为了纪念美国西部大开发200周年而建立的，工程于1964年竣工。这座拱门为钢骨支架，外表用不锈钢板焊成。在拱门的基座处有两个剧场和一个博物馆，博物馆内收藏着关于拓荒者的资料、图片和实物。

世界上最高的标志性柱子——图拉真圆柱 图拉真圆柱位于意大利罗马圆柱广场，是图拉真皇帝为纪念达契亚战争的胜利而修建的一座大理石纪念碑。这根圆柱高38米，是世界上最高的标志性柱子。

巨型建筑与工程之最

人类社会发展至今，世界各国的建筑物遍及地球的每个角落，人们几乎每天都在建造着新的建筑物，昨天的建筑记录也许在今天就会被刷新。无论如何，雄踞于世界各地的巨型建筑和大型工程还是以其独特的功能为人类造福，如世界上最大的行政建筑五角大楼是美国国防部所在地，中国的人民大会堂可供万人进行会议等。

书店内景

世界上最大的书店——福依尔书店 英国伦敦的福依尔书店于1904年开始营业，占地面积约7000多平方米，是世界上最大的书店。目前书店内有职工400多人，平均每天接待顾客1万人次，每年售出的书籍有600万册之多。现在，福依尔书店因其庞大的规模而成为伦敦一处著名的参观场所，曾经接待过很多世界名人。

修建中的五角大楼

世界上最大的行政建筑——美国五角大楼 五角大楼坐落在美国华盛顿附近波托马克河畔的阿灵顿镇，是美国国防部所在地。从空中俯瞰，这座建筑呈正五边形，故名“五角大楼”。它占地面积235.9万平方米，是世界上最大的行政建筑。大楼高22米，总建筑面积60.8万平方米，使用面积约34.4万平方米，当时造价8700万美元，于1943年1月15日建成，同年5月启用，可供2.3万人办公。该大楼曾在9·11恐怖袭击中遭受重创。

世界上最大的会堂式建筑——中国人民大会堂 中国的人民大会堂是世界上最大的会堂式建筑。它于1958年10月底破土，1959年9月竣工，从设计到建成历时仅一年。整组建筑平面呈“山”字形，正面墙呈“弓”字形，建筑面积达17.18万平方米。人民大会堂的中部是著名的万人大会堂，会场呈扇形，共3层，可容纳1万人进行大型会议。穹窿形的顶篷上纵横排列着500个灯孔，顶部为巨大的红五角星，周围是葵花环及3层水波形灯槽。会堂北部是面积为7000平方米的宴会厅，可举办5000人的宴会。会堂南部是人大办公楼，包括以全国各个省、市、自治区、行政特区命名的各具地方特色的会议厅。

人民大会堂

新奥尔良超级体育场外观（白色）

世界上最大的室内体育场——新奥尔良超级体育场 世界上最大的室内体育场是美国路易斯安那州新奥尔良市的超级体育场，它占地面积达21万平方米，于1975年5月建成，耗资17300万美元。该体育场内设有97365人的座位，观看足球比赛时可容纳76791人。场内吊装有6块特大型电视屏幕，能同步播放比赛实况。

闻名世界的吉隆坡双子塔是目前世界上最高的双子楼。

世界上最高的摩天大楼——哈利法塔 哈利法塔，原名迪拜塔，又称迪拜大厦，位于阿拉伯联合酋长国第二大城市迪拜，是目前世界上最高的摩天大楼，整座大楼共有160层，高828米。哈利法塔不仅高度惊人，其建筑材料也“分量十足”。据记录，哈利法塔总共使用了33万立方米混凝土、39万吨钢材以及14.2万平方米的玻璃。

世界上最著名的凯旋门——巴黎凯旋门 凯旋门是古罗马统治者及以后欧洲的封建帝王，为炫耀对外侵略的战绩而建的纪念性建筑。世界上最著名的凯旋门是坐落在法国巴黎市中心夏尔·戴高乐广场（又称星形广场）中央的巴黎凯旋门。它是拿破仑为纪念在奥斯特利茨战役中大败奥俄联军的功绩，于1806年2月下令兴建的。建筑高49米，宽45米，厚约22米，四面各有一门，中心拱门宽14.6米。门上有许多精美的雕刻。

巴黎凯旋门

圣彼得广场

世界上最对称的广场——圣彼得广场 圣彼得广场位于梵蒂冈境内的圣彼得大教堂前，是世界上最对称的广场。广场呈椭圆形，两侧由半圆形的圆柱回廊包围。回廊由284根圆柱和88根方柱组成，分4排，形成3条走廊。每根柱顶都雕有大理石雕像。广场中央有一座造型奇特的埃及方尖石碑。

弗拉维圆形剧场

世界上最大的古代圆形剧场——弗拉维圆形剧场

弗拉维圆形剧场建于古罗马弗拉维王朝（公元70年～82年），是古罗马文明的象征和最具代表性的建筑，也是世界上最大的圆形剧场。这个剧场位于罗马广场东侧，整体呈椭圆形，舞台居中，四周筑有阶梯形的露天观众舞台。其门面分4层，场内可以容纳5万名观众。舞台在古代被用于角斗表演以及人兽搏斗等。

长江三峡水电工程

世界上最大的火车站——纽约大都会终点站 美国纽约市的大都会终点站是世界上最大的火车站。它是由百万富翁威廉姆·范德贝尔德出资，美国建筑公司——沃伦和怀特摩尔公司、里德和斯泰姆公司联合承建的。这座车站占地19万平方米，分上下两层，上层有41条铁路线，下层有26条铁路线。平均每天有550多列火车、21万名上下班旅客从这里经过。

匆忙赶火车的旅客

世界上最大的单一建筑工程——三峡水利枢纽

位于中国长江上的三峡水利枢纽若包括两岸非溢流坝在内，总长2300米，是世界上最大的单一建筑工程。三峡水利枢纽工程由大坝、水电站厂房和通航建筑物三大部分组成，控制流域面积100万平方千米，占到长江水域面积的56%。

［第九章］

Part9

交通之最

交通是随着人类生活的需要和科学技术的进步逐渐发展起来的，到目前为止，交通主要分为陆上交通、水上交通和空中交通三大类。你知道最早的自行车是什么样子的吗？速度最快的摩托车的时速是多少？最长的汽车有多长？海拔最高的公路在哪个国家？最早的地铁于哪一年建成？面积最大的机场位于哪里？最长的人工运河有多长？最大的游船有多大？最长的吊桥是哪个国家修建的？……本章收集了交通发展中最早及最新的资料，你将从中把握住整个人类交通发展史的脉络。

自行车和摩托车之最

自行车是一种两轮交通工具，无需燃料，仅靠人力踏动脚踏板产生动力，操纵灵活，是一种便利且无污染的高效能交通工具。摩托车是在自行车的基础上发展而来的，由于增加了机动设备，所以行驶速度大大提高。从18世纪末第一辆自行车诞生至今，自行车和摩托车已成为世界各地人们普遍使用的最简单、最实用的交通工具。

早期的木制自行车

自行车

世界上最早的自行车 18世纪末，法国人西夫拉克发明了世界上第一辆自行车。这辆自行车是木制的，其结构比较简单，既没有驱动装置，也没有转向装置，骑车人靠双脚用力蹬地前行，改变方向时也只能下车搬动车子。即使这样，当西夫拉克骑着这辆自行车到公园兜风时，在场的人也都颇为惊异和赞叹。

世界上最大的自行车——“弗兰肯”自行车 以车轮直径的大小而论，世界上最大的自行车是“弗兰肯”自行车，该自行车的车轮直径为3.05米，车身高度为3.4米，制造者是美国加利福尼亚州罗斯米德市的戴夫·摩尔。车造好后，由加利福尼亚州莫尔帕克市的斯蒂夫·高登于1989年6月4日首次骑乘。

世界上能使用的最小的独轮自行车 世界上最小的能骑行的独轮自行车的高度为20厘米，车轮直径为1.8厘米，无附加设备。该车由瑞典人西格纳·贝尔格伦德制造。1998年3月29日，瑞典人彼得·罗森达尔在电视节目中表演骑这辆独轮车，最远行程为8.5米。

独轮车

折叠自行车

世界上最轻的折叠自行车——A-Bike自行车 A-Bike自行车是世界上最轻的折叠自行车，其外形像一个大写的英文字母“A”，重量只有5.7千克，折叠后体积可以缩小为0.03立方米。这款自行车的制造者是英国发明家克莱夫·辛克莱爵士，他依据人体工程学，历经5年研制成功。该自行车可以承受的重量最高为112千克，高度可以调节，携带和骑乘都很方便。

世界上最长的自行车——XXL自行车 XXL自行车由荷兰代尔夫特理工学院的大学生设计，车身长28.1米、重400千克。荷兰大学生设计的这辆自行车超过了意大利“Super Tandem Club Ceparana”俱乐部自行车手创造的记录(他们曾在1998年制作了一辆长26米的自行车)，成为世界上最长的自行车。

世界上最高的自行车 2004年6月26日，在加拿大的温尼伯湖，特瑞·寇特恩骑着他自制的自行车表演。这辆自行车高5.5米，打破了世界吉尼斯记录，成为世界上最高的一辆自行车。

世界上最大的三轮自行车 1998年7月，美国密歇根州埃斯卡巴纳市贝德诺克社区学院的16名学生，设计制造了一辆三轮自行车，该车前轮直径为4.67米，后轮直径为2.23米，是世界上最大的三轮自行车。

摩托车

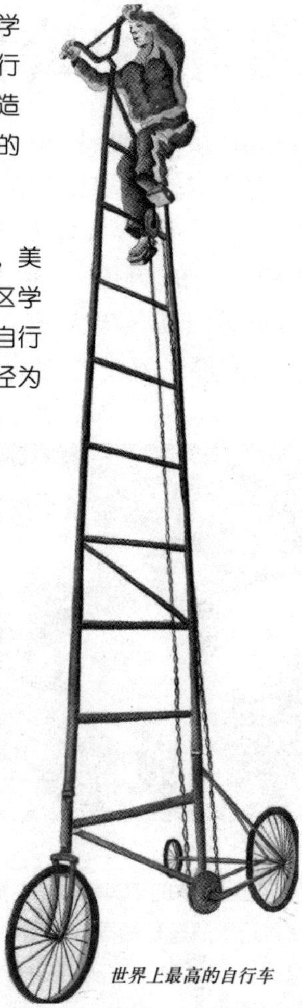

世界上最高的自行车

世界上行驶速度最快的摩托车——“道奇战斧”

世界上最小的摩托车 英国大曼彻斯特郡进步工程公司的西蒙·蒂姆伯利和克利夫·威廉姆斯共同设计制造了一辆摩托车，车身长10.8厘米，车座高9.5厘米，前轮直径为1.9厘米，后轮直径为2.4厘米，是有记录的世界上最小的摩托车。有人曾骑乘该车行驶了1米。

小型摩托车

世界上行驶速度最快的摩托车——“道奇战斧” “道奇战斧”是德国戴姆勒·克莱斯勒公司制作的一款古怪的特大型摩托车。这辆摩托车重680千克，车身上装有巨大的368瓦发动机，据说，这辆价值20万美元的摩托车极速可达每小时670千米，正常行驶时的时速也能达到500多千米，可以说是目前世界上速度最快的摩托车了。

汽车和公路之最

公路是连接城市、乡村和工矿基地之间具备一定技术标准和设施的道路，其用途是供车辆行驶。汽车从发明至今虽然只有短短100多年的历史，却已演变成高科技的交通工具，极大地方便了人们的生活，拓展了人类的活动空间。

世界上第一辆蒸汽板车

旧式汽车

世界上最早的汽车 1886年，德国人卡尔·本茨在一辆三轮车上安装了一台汽油发动机，组成了一辆机动车。这是世界上第一辆汽车。这辆车的座位有点像马车上的座位，驾驶员得靠转动舵柄来控制方向。

行驶里程最长的汽车——奔驰“180D型”汽车 汽车所能行驶的最大里程是检验汽车质量的重要标准之一。1978年8月，一辆1957年生产的梅塞德斯－奔驰180D型车创造了世界上行驶里程的记录——190.6879万千米，而一般汽车在行驶60万～70万千米后就报废了。这辆车是由德国著名的戴姆勒·奔驰汽车制造公司生产的，它的主人是美国华盛顿州奥林匹亚的罗伯特·奥莱利。

世界上最小的汽车——“灵巧”汽车 “灵巧”汽车是德国戴姆勒·奔驰公司的产品，它就像儿童玩的游戏电车一样，是世界上最小的汽车。奔驰公司潜心研制的这辆“灵巧”汽车不仅“五脏俱全”，还安装有可移动的主控板，能使司机随意地变换汽车的颜色。

小巧的汽车

世界上最长的汽车 世界上最长的汽车是由美国加利福尼亚州一位名叫伯班克市杰·奥尔伯格的设计师设计的。这辆超级轿车车身长30.5米，由26个车轮支撑，是世界上目前为止最长的汽车。车的内部装修得非常豪华，有带跳板的游泳池和特大水垫床，人们可以在这辆车上开展各种各样的娱乐休闲的活动。

最长的汽车

本田公司生产的汽车

世界上最节油的汽车　1994年，日本本田公司的一个汽车科研小组创造了汽车节油的记录。他们研制了一辆仅重28千克的小汽车，并在上面装了一台排气量只有0.043升的单缸发动机。实验时，这辆小汽车行驶3000千米的路程仅用了1升汽油。若是一辆普通的家用型小轿车，1升汽油汽车最多只能行驶12～14千米。

世界上最早的高速公路——秦直道　秦始皇吞并六国，统一中国之后，修建了一条类似今天高速公路的道路——秦直道，陕北俗称“皇上路”。 这条路是秦始皇于公元前212年～前210年命蒙恬监修的一条重要军事要道，南起今陕西省淳化县梁五帝村，北至今内蒙古包头市西南孟家湾村，全长700多千米，路面最宽处约60米，是有记录的世界上最早的一条高速公路。

世界上单一国家内最长的公路　俄罗斯境内的一条公路从莫斯科开始，穿过乌拉尔山及西伯利亚中部一望无际的森林区，再延伸至贝加尔湖南岸及中俄边界，抵达濒临日本海的海参崴，全长8500多千米，是全球在单一国家内最长的一条公路。

俄罗斯拥有世界上单一国家内最长的公路，公路全长8500多千米。

高速公路之最

项目	名称
拥有高速公路最多的国家	美国
目前世界上最长的高速公路	纽约—洛杉矶线(全长4556千米)

新藏公路是世界上海拔最高的公路，公路两侧多为常年积雪的崇山峻岭。

世界上海拔最高的公路——新藏公路　新藏公路始于新疆西南部的叶城县，向南经库地、麻扎、红柳滩、界山大坂，至西藏阿里地区的普兰县，全长2841千米。公路全线蜿蜒在昆仑山脉10个雪山大坂（大坂系维吾语“山口”之意）上，是世界上海拔最高的公路。沿途大部分路段是一望无垠的戈壁沙漠和常年积雪的崇山峻岭，还要经过几百里的无人区，加之气候恶劣，空气稀薄，行程十分辛苦。此线路冬春两季大雪封山，无法通行，最佳行车时节是每年5月初至10月中旬。公路沿途有连绵的雪山，密布的湖群，随处可见的大量野生动物，是探险者的乐园。

火车和铁路之最

5000年前，当载有重物的车辆多次辗过同一条土路时，会在路面上造成深沟，从而影响交通。后来，人们在道路的深沟处铺以石头、木板，情况就有了一些改变。18世纪末，人们用铁板制成轨道，建造了世界上最初的铁路。但是，最早在铁路上行驶的并不是火车，而是马车。火车是从19世纪初才走进人们的生活的。后来经过科学家们的不断改进，火车的发展速度越来越快，如今已成为运载量大、行驶相对安全的重要交通工具之一。

早期的电力火车

世界上最早的电动火车——“西门子”机车　1879年5月31日，柏林的工业博览会上展出了世界上第一台由外部供电的电力机车——“西门子”机车。这台机车的重量只有954千克，车上装有3马力的电动机。由于机车车身小，没有驾驶台，操纵杠和刹车都装在靠前轮的地方，所以司机只好骑在车头上驾驶。现在，这台电力机车陈列在慕尼黑德意志科技博物馆内。

史蒂芬孙制造的火车

世界上最早的火车　自1781年瓦特改良的蒸汽机问世以后，英国人理查德·特里维西克经过多年的探索、研究，终于在1804年制造了一台单一汽缸和一个大飞轮的蒸汽机车。这辆机车可牵引5辆车厢，能以每小时8千米的速度行驶，这是在轨道上行驶的最早的机车。因为当时使用煤炭或木柴做燃料，因此人们就把它叫做“火车”。与此同时，英国人史蒂芬孙也在积极改进火车的性能，并且取得了很大的进展。1814年，他制造了一辆有两个汽缸的、能牵引30吨货物并且可以爬坡的火车。

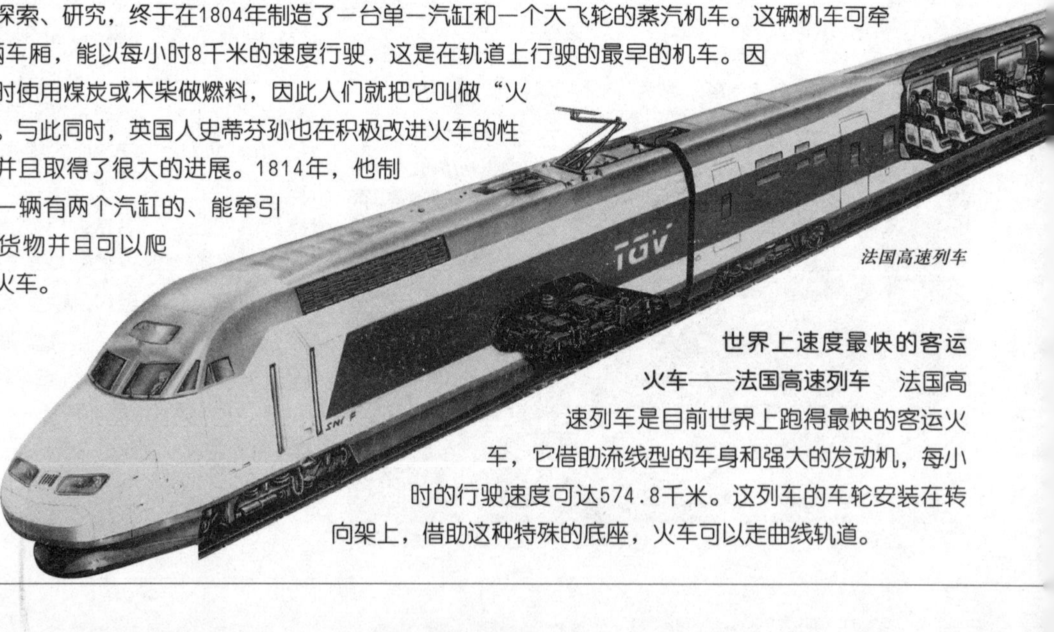

法国高速列车

世界上速度最快的客运火车——法国高速列车　法国高速列车是目前世界上跑得最快的客运火车，它借助流线型的车身和强大的发动机，每小时的行驶速度可达574.8千米。这列车的车轮安装在转向架上，借助这种特殊的底座，火车可以走曲线轨道。

世界上最早的营业铁路　1825年，英国斯托克顿与达林顿之间开设了世界上第一条营业铁路，史蒂芬孙制造的“运动”号火车以每小时24千米的速度行驶其间。不过，尽管当时火车已经加入了运输的行列，但马车仍在铁路上行驶。

早期的铁路

世界上第一条专供火车行驶的铁路　1829年，当英国曼彻斯特至利物浦间的铁路铺成后，为了决定采用火车还是马车，人们举行了一次火车和马车的比赛。比赛中，史蒂芬孙之子改进的“火箭”号火车以快于马车两倍以上的速度获胜。于是这条铁路就采用火车，成为世界上第一条专供火车行驶的铁路。

世界上最长的铁路长9400千米，是一条跨国铁路。

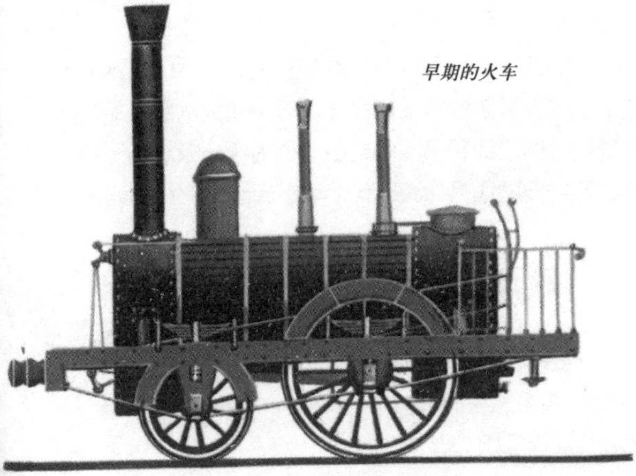

早期的火车

世界上最长的铁路　世界上最长的铁路是一条跨国铁路，它西起俄罗斯的首都莫斯科，东到日本海湾的霍德卡港口，全长9400千米。

世界上最快的列车——磁悬浮列车　1972年，世界上第一台试验性“飞车”——磁悬浮列车诞生。该列车最高时速达581千米，是目前世界上最快的列车。磁悬浮列车的原理是利用电磁力抵消地球引力，通过直流电机进行牵引，使列车悬浮在轨道上运行（悬浮间隙约1厘米）。其研究和制造涉及自动控制、电力电子技术、直线推进技术、机械设计制造、故障监测与诊断等众多学科，技术十分复杂。

世界上最早的地铁

伦敦地铁于1863年建成，是世界上最早的地铁。这条铁道全长只有6000米，从提出建造方案到通过政府审核，再到建造成功，一共花了20年时间。虽然当时电动车还没有被发明出来，蒸汽机的工作使隧道里烟雾弥漫，但建成后的地铁依然成了当时伦敦重要的运输系统。1890年，伴随着第一部电动车的问世，地铁步入了它的黄金时代。

方便的现代地铁

磁悬浮列车结构示意图

空中交通之最

空中交通运输是一种年轻的现代化运输方式，它的历史至今不到100年，是随着人们对运输速度要求的不断提高和世界科学技术，特别是空气动力学的发展而发展起来的。空中交通运输的特点是速度快，可跨越各种天然障碍，但运费较高。随着科技的发展，空中交通发展得越来越快，如今世界上已出现了行驶速度很快的超音速客机，也修建了大大小小的飞机场，并且开通了诸多国际航线。

世界上最早的国际飞行 1913年11月29日，一名叫罗朗·加罗斯的法国飞行员驾驶着飞机穿越地中海，从法国飞到非洲，第一次实现了飞机的国际飞行。此后，人们大胆地进行了各种开辟国际航线的尝试。

早期进行国际飞行的飞机

世界上最早的国际航线——巴黎至伦敦的航线 1919年2月8日，世界上最早的国际航线终于诞生了。这条航线的起飞点和着陆点分别是法国的巴黎和英国的伦敦。作为第一条成功开辟的国际航线，它为今后飞机的商业化运营做出了重要贡献。

在国际航线间飞行的飞机

世界上最早的空服员——杰克·山德森和艾伦·秋姬 英国的杰克·山德森是世界上第一位男性空服员，他在英国戴姆勒航空公司服务。1923年，他在一次空难中殉职。世界上第一位女性空服员为美国的艾伦·秋姬，她于1930年5月开始在美国联合航空公司工作。

世界上最大的客机——空中客车A380 目前世界上最大的客机是空中客车A380，它是由空中客车公司与各大航空公司、机场和适航当局密切合作而共同研制的，其翼展为79.8米，长为73米，高为24.1米。与当今最大的波音747客机相比，空中客车A380的客舱面积要大出40%以上。

杰克·山德森 艾伦·秋姬

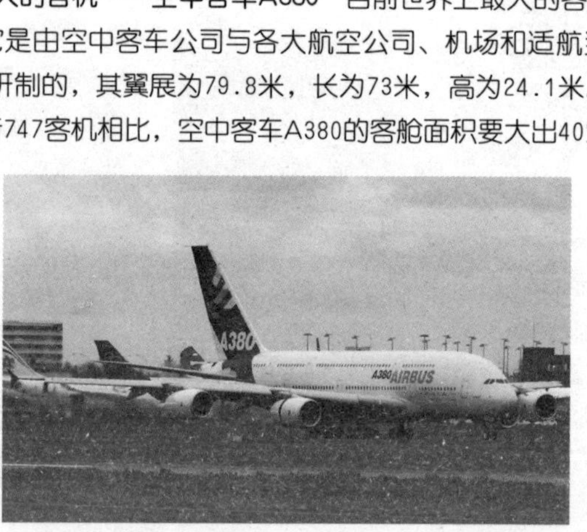

空中客车A380

世界上最早投入商业运营的超音速客机——“协和”号客机 世界上最早投入商业运营的超音速客机是“协和”号客机，它由英、法两国的宇航公司联合研制开发成功，于1969年3月2日进行试飞。“协和”号客机能载着128名旅客以平均每小时2125千米的速度飞行，飞行高度可达1.83千米，居各种客机之首。

“协和”号超音速客机

停落的飞机

世界上面积最大的机场——吉达国际机场 位于沙特阿拉伯红海之滨的吉达国际机场是目前世界上面积最大的机场。吉达国际机场于1975年正式动工，总投资超过50亿美元，占地达105平方千米，可同时起降20架波音747客机及其他型号的飞机20余架，每年输送乘客达3000万人次。

世界上最繁忙的机场——奥黑尔国际机场 奥黑尔国际机场坐落在美国的芝加哥市，是世界上最繁忙的机场。由于芝加哥是美国最大的工业城市，世界500强企业中有15家公司的总部设在这里，同时芝加哥是连接美国东部和西部的交通枢纽，所以使这里成为国际交通的中转站。每天，平均有2700架次的飞机从这里起飞或降落。

繁忙的国际机场

水路交通之最

水路交通运输是一种历史悠久的运输方式。当人类在地球上出现后，为了生活需要，必须进行涉水、捕鱼等活动，因此设法创造了最原始的能浮在水上并能运载物品的水上交通工具。此后，水上交通工具逐步演进，而且也出现了人工开凿的运河。水路交通的特点是运输成本低，适宜承担大宗、笨重货物的长途运输。

重要的水上交通工具——轮船

如今，京杭大运河仍然发挥着巨大的作用。

世界上最长的人工运河——京杭大运河 中国的京杭大运河北起北京，南至杭州，全长1747千米，是世界上最长的人工运河。其开凿经过了三个历史阶段：公元前486年，吴王夫差首次在扬州开挖邗沟，沟通了长江和淮河；到了公元7世纪的隋炀帝时期和13世纪的元代，人们又先后进行了两次大规模的开凿工程，建成了这条沟通中国南北漕运的大动脉。

世界上最大的水闸式运河——巴拿马运河 世界最大的水闸式运河是连接大西洋和太平洋的巴拿马运河，这条运河位于南美洲巴拿马共和国境内，全长81.3千米。由于它连接的几个大洋水位相差太大，人们在运河上建造了6座船闸，升降调节水位26米。

巴拿马运河

富尔顿制造的蒸汽轮船

世界上最早的蒸汽轮船——“克莱蒙脱”号蒸汽轮船 “克莱蒙脱”号蒸汽轮船是由美国人富尔顿制造的世界上第一艘试航成功的蒸汽轮船。在富尔顿以前，有人试制过蒸汽动力船，但没有成功。富尔顿研究了前人失败的原因，立志要在自己的手里制造成功一艘蒸汽动力船。1793年，他来到巴黎，前后经过十几年的艰苦努力，终于在1807年造出一艘新的轮船——“克莱蒙脱”号，并在纽约的哈得孙河下水，航速达4000米/小时。后来，富尔顿继续改进，使这艘轮船的航速达到6000～8000米/小时。

“西里亚斯”号汽船

货船在海中航行。

世界上最大的船——“诺克·耐维斯”号 “诺克·耐维斯”号是一艘新加坡籍的超级油轮，也是世界上最长的船只，船体长458米，宽69米。该船是1979年日本OPPAMA船厂建造的，总吨位564839吨。该船由一艘48万吨的油轮被切两段后，中间加上一节改造而成的。

世界上第一艘横渡大西洋的汽船——“西里亚斯”号汽船 “西里亚斯”号汽船是世界上第一艘靠蒸汽机的动力横渡大西洋的汽船。1838年4月4日，“西里亚斯号”汽船以17千米/小时的速度，航行18天10小时，完成了横渡大西洋的壮举。

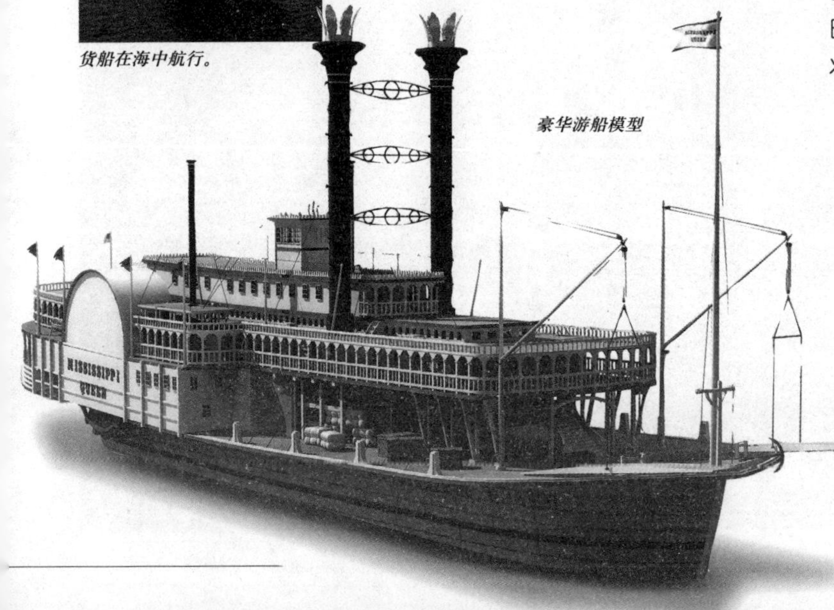

豪华游船模型

世界上最大、最豪华的游船——“玛丽皇后2”号 现在世界上最大的游船是于2003年8月完工的“玛丽皇后2”号，同时它也是有史以来最豪华的游船，其长度是4个足球场的长度之和，高度相当于一座23层的大楼，于2004年投入使用。

桥梁之最

桥梁是架在河面上把两岸接通的建筑物。在古代，罗马人在河流上修建了长长的木制桥梁，以便人们从水上通行。后来，随着各种建筑材料的发明，出现了各种材料建成的桥，其中包括世界上最长的吊桥、跨度最大的钢拱桥等各具特色的桥。

卢浦大桥

世界上跨度最大的钢拱桥——卢浦大桥 世界上跨度最大的钢拱桥是位于中国上海的卢浦大桥，其主跨达550米。同时，卢浦大桥也是世界上单座桥梁建造中采用施工工艺最多也最为复杂的大桥，整座桥梁建造中集斜拉桥、拱桥、悬索桥三种不同类型桥梁施工工艺于一身。

斜拉桥长度排行榜

名称	国家	主跨长度(米)
多多罗大桥	日本	890
诺曼底大桥	法国	856
琼州闽江大桥	中国	605
杨浦大桥	中国	602
名港中央大桥	日本	590

世界上跨径最大的斜拉桥——苏通大桥 2008年，中国建成了世界上跨径最大的斜拉桥——苏通大桥，其主跨跨径为1088米。

明石海峡大桥

世界上最长的吊桥——明石海峡大桥 世界上最长的吊桥是1998年竣工的日本明石海峡大桥，它坐落在日本明石市和神户市之间，全长3911米。其新颖的造桥方式和新式的桥梁材料使它成功地抵御了无数次飓风的袭击，并且在阪神大地震中安然无恙。

斜拉桥上固定缆索的塔柱

[第十章]

Part 10

军事之最

世界战争史证明这样一个命题：军事力量与战争装备是与国家兴亡、民族盛衰息息相关的。你知道世界上最早的左轮手枪出现在什么时候，是由谁发明的吗？历史上最大的大炮是什么？导弹、原子弹、氢弹以及生物武器，谁的威力最大？飞机于哪一年被应用于军事上？规模最大的战争是哪一次战争？……随着武器的发展，军事史上的世界之最层出不穷。本章将带你浏览世界军事发展过程中的精彩片段。

轻武器之最

轻武器又称轻兵器，是可由单兵、小组携行使用的枪械等武器的统称。18世纪初，人们在使用火药的过程中逐步发明了最早的枪械。之后，枪械制造的技术不断提高，出现了最早的后装枪、最早的左轮手枪以及发射金属外壳子弹的步枪等一系列枪械。

后装枪局部

世界上最早的后装枪 早期的枪都是从枪口装填弹药的，操作很不方便。1835年，普鲁士军械工人冯·德雷泽发明了世界上第一支后装枪。只要勾动这支枪的扳机，就会有一根长撞针从弹药筒的底部穿过，插入炸药中，刺穿雷管，引发炸药爆炸，并将弹丸发射出去。

毛瑟枪

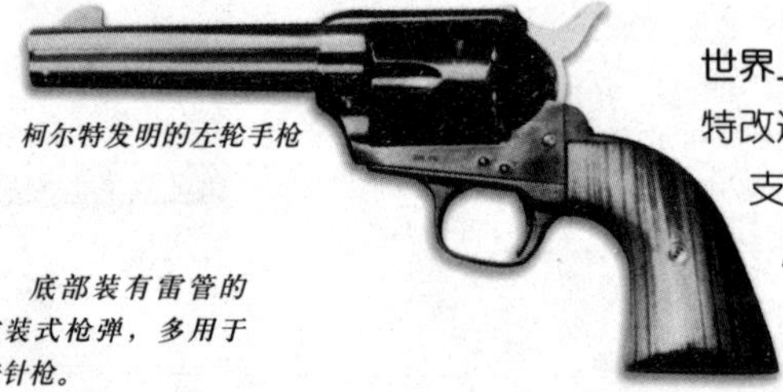
柯尔特发明的左轮手枪

世界上最早的左轮手枪 1835年，美国人柯尔特改进了最初的转轮手枪，并取得了专利。这支枪被认为是第一支真正成功并得到广泛应用的转轮手枪。由于装弹时转轮从左侧摆出，故又称“左轮手枪”。

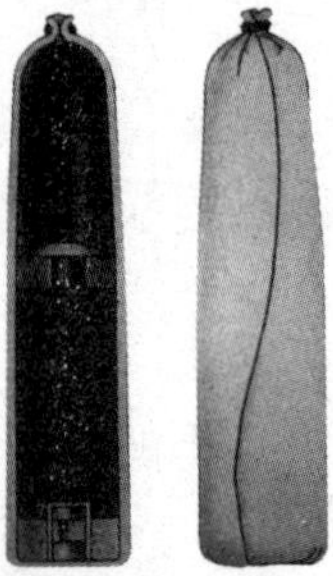
底部装有雷管的定装式枪弹，多用于击针枪。

世界上第一支发射金属外壳子弹的步枪 1871年，普鲁士王国的毛瑟兄弟研制成功了世界上第一支发射金属外壳子弹的步枪，并用它来装备军队。这是一种采用金属弹壳枪弹的机柄式步枪，其口径为11毫米，有螺旋膛线，发射定装式枪弹，由射手操纵枪机机柄，实现开锁、退壳、装弹和闭锁。

各式各样的枪

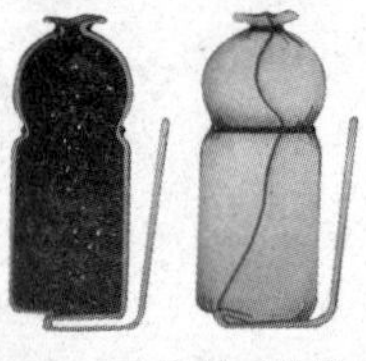
定装式枪弹由火药、纸弹壳和金属弹丸组成。

手枪的演进

时间	事件
14世纪中叶	意大利出现“希奥皮”短枪。
15世纪	欧洲的手枪由点火枪改进为火绳枪。
17世纪	火绳枪被燧发式手枪取代。
1812年	英格兰牧师A·福赛斯设计制造出击发式手枪。
1835年	美国人柯尔特发明左轮手枪。
1896年	德国人费德勒兄弟3人研制出自动手枪。

世界上最早的重机枪——马克沁重机枪 世界上第一支以火药为能源的机枪，是英籍美国人H·S·马克沁发明的。1883年，马克沁通过试验成功地发明了应用短后坐自动原理的机枪，1884年这种机枪取得了专利。这种机枪射速约为每分钟600发，枪身重量为27.2千克，后人称之为马克沁重机枪。重机枪利用子弹射出时产生的后坐力把空弹壳退出来，然后再装上新的子弹，并把枪机撞针放松，使枪能连续自动射击。

马克沁与他发明的机枪

德国毛瑟手枪

世界上最早出现的自动手枪——毛瑟手枪 毛瑟手枪是世界著名的手枪之一，也是世界上最早出现的自动手枪。该枪由德国人费德勒兄弟三人研制，1896年以毛瑟的名义获得专利。该枪口径为7.63毫米，枪重1.16千克，枪长28.8厘米，10发弹匣供弹，采用单、连发射击方式。

早期的手摇机枪

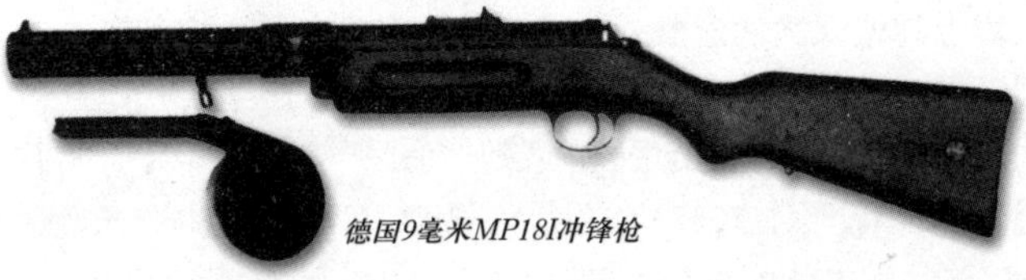

德国9毫米MP18I冲锋枪

世界上最早的手摇机枪 19世纪80年代前，为了提高枪械的发射速度，许多国家都研制过连发枪械。1718年，英国人J·帕克尔发明了世界上最早的单管手摇机枪并取得专利，但由于这种枪太重，装弹困难，未引起普遍重视。

世界上最早的冲锋枪 1918年，德国人设计的9毫米MP18冲锋枪问世了。它是德国著名枪械设计师雨果·施迈赛尔设计的，是世界上第一支真正实用并大量装备的冲锋枪。1918年初的样枪称为MP18，后经过改革，命名为MP18I式，并于同年夏季装备前线部队。

世界上最早的专用反坦克枪——毛瑟反坦克枪 1918年，由德国毛瑟公司制造的一种专用的反坦克枪——毛瑟反坦克枪问世了。该枪长约1.7米，重11.8千克，单发装填子弹，后坐力很大，能在110米的距离内成功地穿透IV型坦克的前甲，是世界上最早的专用反坦克枪。

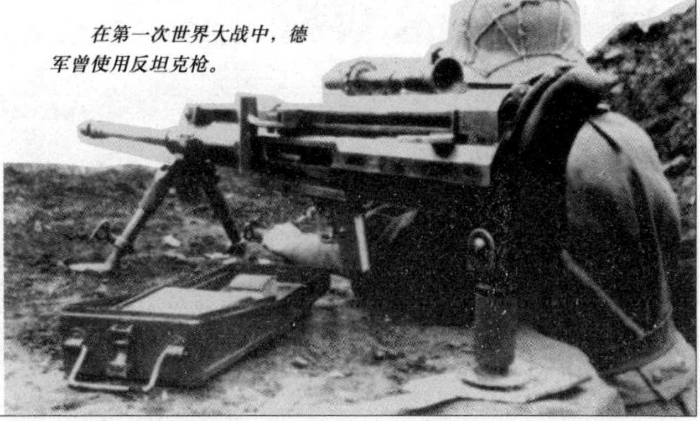

在第一次世界大战中，德军曾使用反坦克枪。

舰艇之最

舰艇是在海上进行攻防作战和提供勤务保障的军用舰船，是各国海军的主要装备。它主要用于海上攻击，保护海上交通线，参加登陆作战，以及完成海上运输、修理、救生等任务。舰艇的种类很多，它们是战争中争夺制海权不可缺少的武器。

美国制造的攻击型核潜艇

世界上最早参加水下作战的潜艇——“海龟”号潜艇 世界上最早参加水下作战的潜艇是由美国人布什内尔设计的“海龟”号潜艇。这艘潜艇于1776年参加了美国独立战争。它由橡木制成，高约2米，形状很像一个尖头向下的大鹅蛋。艇上装有两根通气管，通气管通过浮筏在艇体上浮时自动打开；在艇体下潜时自动关闭，以进行换气。

“海龟”号潜艇

世界上第一艘核动力潜艇——“鹦鹉螺”号核动力潜艇 1954年1月，世界上第一艘核动力潜艇“鹦鹉螺”号在美国建成并下水。这艘潜艇长97.4米，宽8.4米，吃水6.7米，水下排水量4040吨。核潜艇与常规动力潜艇相比，发动机功率和水下航速都大大提高。更重要的是，核潜艇水下续航时间和距离几乎不受限制。

“台风”级弹道导弹核潜艇

世界上吨位最大的潜艇——“台风”级弹道导弹核潜艇 “台风”级弹道导弹核潜艇是俄罗斯海基核威慑的主力，也是迄今为止世界上吨位最大的潜艇。首艇“台风”号于1977年开始制造，1980年下水，1982年服役。该舰长171.5米、宽24.6米，吃水13米，最大排水量达3万吨。

世界上寿命最短的航空母舰——“信浓”号航空母舰 第二次世界大战时，交战中最大的一艘航空母舰是日本海军的超级战舰“信浓”号。1942年6月，这艘航空母舰在第一次出航中便遭到灭顶之灾——被击毁，因此它可以称得上是世界上寿命最短的航空母舰了。

“信浓”号航空母舰

“拉斐特”级隐身护卫舰

世界上第一种隐身护卫舰——“拉斐特”级护卫舰 世界上第一种隐身护卫舰是法国生产制造的“拉斐特”级护卫舰。该护卫舰于1990年动工，1996年3月服役。其满载排水量为3600吨，长124.2米，宽15.4米。舰上配备了多种电子设备，并采用了雷达波隐身和红外抑制、磁辐射控制等先进技术，极大地降低了被发现的概率。

世界上最先进的核动力航空母舰——“尼米兹”级航空母舰 “尼米兹”级航空母舰是世界上排水量最大、舰载机最多、现代化程度最高、作战能力最强的航空母舰。目前，美国海军已有10艘“尼米兹”级航空母舰在役。第10艘“乔治·布什”长达332米，重9.7万吨，可搭载上百架战斗机。

世界上第一艘铁甲舰——“勇士”号铁甲蒸汽动力战舰 1859年，英国海军开始建造“勇士”号铁甲蒸汽动力战舰，该舰于1860年建成并下水，是世界上第一艘铁甲舰。这艘铁甲舰的最高航速可达14.5节，如果机帆并用，其航行速度可以达到17节，是当时世界上速度最快的战舰。

铁甲舰

“尼米兹”级航空母舰

装甲车之最

具有装甲防护的各种战斗车辆都被称为装甲车。20世纪初，英国首先研制出了装甲车，开创了装甲车的历史。坦克是装甲车的一种，它具有强大的直射火力、高度的越野机动性和超强的装甲防护能力，可以同敌人的坦克和其他装甲车辆作战，也可以压制、摧毁野战工事，歼灭有生力量。随着装甲车的不断演进，其在战争中扮演的角色也越来越重要。

“比安奇”装甲车

“西姆斯”装甲车

世界上最早的装甲车——“西姆斯”装甲车 1902年，世界上最早的装甲车在英国诞生，这辆名为“西姆斯”的装甲车，四周以装甲屏蔽，前后各装有1挺机枪。运行时，车速可达4000米/小时。此后的装甲车在此基础上得到进一步的改进。

世界上最早的坦克——“小游民” 1915年8月，世界上最早的坦克——“小游民”在英国诞生，它是英国的战地记者斯温顿组织研制的。由于在战场上目睹了残酷的厮杀，特别是突破敌方防线所付出的巨大牺牲，斯温顿向英国政府提出建造一种有装甲、带武器并能够进行突击的战车。这一想法得到丘吉尔的支持，于是，斯温顿组织了一批研究人员，改装了一辆从美国进口的拖拉机，把履带加长，焊上很厚的装甲，还装上了枪炮。这辆坦克的样子很臃肿，最高时速可达6400米左右。

世界上最早用于实战的装甲车——“比安奇”装甲车 20世纪初，随着“西姆斯”装甲车的问世，人们又相继研制出了多种装甲车，其中最早用于实战的装甲车是1913年由意大利生产的“比安奇”装甲车。这辆装甲车重3.1吨，上面装有1挺机枪，可乘载3～4人。

最早的步兵战车 步兵战车是供步兵机动作战使用的装甲战斗车，由装甲输送车演变而来。最初的装甲输送车装甲较薄，仅能防枪弹，车身一般没有射击孔，到达战场后步兵还需要下车参战。为了解决这些问题，从20世纪50年代起，一些国家就开始着手研制步兵战车了。1954年，法国利用“MAX-13”轻型坦克底盘改装了一种装甲车，车身两侧及后门上开有射击孔，步兵可以在车上向外射击。后来这种车上又安装了12.7毫米高射枪或反坦克导弹，改名为“AMX-13”型步兵战车，这是世界上最早的步兵战车。

最早的坦克

德国制造的坦克

世界上最重的坦克——“鼠”式坦克 二战初期，德国军方设计制造出一种重达188吨的超重型坦克，这就是“鼠”式坦克。“鼠”式坦克长9.3米，高2.66米，火炮口径15厘米，侧面、前面和底部的装甲都厚得惊人，是世界上最重的坦克。

美国M1A2 SEP“艾布拉姆斯”最新改型的主战坦克

世界上总体性能最好的主战坦克——“艾布拉姆斯”主战坦克 主战坦克被称为“陆战之王”，是陆军的主要武器之一，也是世界各国陆军普遍装备的武器。2004年6月，DMS国际武器预测小组公布了对世界坦克性能的排名，美国的M1A2 SEP“艾布拉姆斯”主战坦克名列榜首，成为目前世界上总体性能最好的主战坦克。

世界上最早由无线电操纵的无人坦克 最早的无人坦克出现在第二次世界大战的战场上。1943年～1945年，德军曾为少数重型坦克营装备BIV无线电操纵爆破坦克。这种坦克内无乘员，最大装甲厚度为150毫米，车长仅3.35米，车宽也只有1.8米，车高1.25米，车重3.6吨。

“二战”中的德国坦克

美国AAV7A1两栖战车

世界上最早的两栖战车——AAV7系列两栖战车 1971年，世界上最早的两栖战车诞生在美国，它们是由美国FMC公司军械分部研制的。AAV7系列两栖战车战斗部分重为22.838吨，在公路上的最大时速为64千米，水上最大时速为13.5千米，在水上最长的航行时间为7小时。

火炮之最

火药的发明奠定了火炮发明和发展的基础，使得火炮登上了人类的军事舞台。到目前为止，火炮的种类和数量已数不胜数，人们通常按照用途将其分为地面压制火炮、高射炮、反坦克火炮、坦克炮、航空炮、舰炮和海岸炮等。

早期的滑膛炮

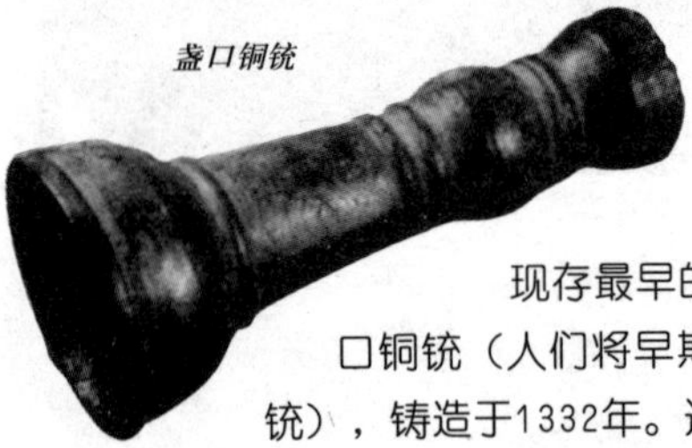

盏口铜铳

世界上最古老的火炮——盏口铜铳 世界上现存最早的火炮是中国的盏口铜铳（人们将早期的滑膛炮称为火铳），铸造于1332年。这尊火铳由身管和药室两部分组成，铳口直径为105毫米，全长353毫米，重6.94千克，是火炮的初始原型。后来，人们在火铳的基础上又制造了滑膛炮。

世界上最早的迫击炮 1904年9月10日，俄国炮兵大尉戈比亚托·列昂尼德·尼古拉耶维奇发明了世界上最早的迫击炮。这门炮使用长形47毫米口径迫击炮弹，弹重为11.5千克，射程为50～400米，炮身射角为45°～46°。

军人在战壕里使用迫击炮作战。

“一战”中，日本使用了当时最新试制的高射炮。

迫击炮

世界上最早的高射炮——爱哈尔特公司设计制造的高射炮 1906年，德国的爱哈尔特公司设计制造了一门专门用来攻击飞机、飞艇的高射炮，这是世界上第一门高射炮。这门高射炮被装在汽车上，并装有防护装甲。它的口径为5厘米，最大射高约4200米。

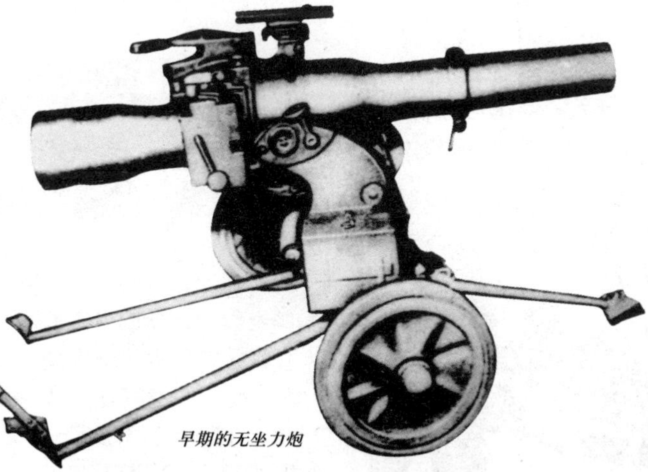
早期的无坐力炮

世界上最早的无坐力炮——“戴维斯”炮 一般火炮在发射炮弹时会产生巨大的后坐力。1914年，美国海军少校戴维斯将两颗弹尾相对的弹丸放在一根两端开口的炮管内发射，制造出了世界上第一门无坐力炮——“戴维斯”炮，使火炮发射炮弹后不再后退。

士兵在使用无坐力火炮。

“巴黎大炮”正在发射。

历史上打得最远的大炮——“巴黎”大炮 “巴黎”大炮是迄今为止世界上打得最远的大炮。它长约37米，总重量为375吨，射程约为120千米。1918年3月23日清晨，德军从距离巴黎市区120千米以外的圣戈班森林地区开炮，炮弹落在巴黎的郊区，“巴黎”大炮也因此而得名。

世界上最早的自行火炮 自行火炮是固定在车辆底盘上、自身能够转移的火炮。1914年，俄国制造出了世界上第一门安装在卡车底盘上的不需外力牵引而自行运动的76毫米自行火炮。自行火炮具有极好的越野能力，能协同坦克和机械化部队高速机动作战。

“二战”中使用的自行火炮

世界上最大的大炮——“多拉”大炮 二战中，德国曾经制造出巨型大炮——“多拉”大炮，这是到目前为止世界上最大、最重的大炮。这门大炮的身管长达32.48米，重400吨。大炮全长42.9米，高11米，总重量达1329吨。它使用的炮弹也是当时世界上最重的，每枚重约7吨。

巨型大炮——“多拉”

军用飞机之最

在莱特兄弟制造的飞机问世之后，美国陆军于1909年购买了一架“莱特”A型飞机，将其改装后用于战场侦察，开创了军用飞机的新纪元。此后，形形色色的军用飞机开始出现在人类军事发展史上，如战斗机、攻击机、轰炸机、侦察机、军用直升机、军用运输机、空中加油机等。

早期攻击机

世界上最早的军用飞机 1909年7月30日，美国陆军购买了一架“莱特”A型飞机，并将其装备成世界上第一架军用飞机。这架飞机上装有一台30马力的发动机，它的最大时速可以达到68千米。美国用它来进行战场侦察。

世界上最早的攻击机 第一次世界大战爆发后，英、法空军在一次空战中，首次用飞机执行对德国地面部队的压制和攻击任务。这一做法使德军受到启发，1918年，一种由德国容克飞机制造厂生产的军用飞机正式投入使用，这种飞机上携带着手榴弹和炸弹，专门对地面目标进行轰炸。这意味着攻击机的诞生。

世界上最早的轰炸机 世界上最早的轰炸机在第一次世界大战前面世，一战期间开始用于实战。这些轰炸机都是木质结构的双翼机，最大飞行时速不到200千米，最大航程小于1000千米，载弹量在1000千克左右。

法国于1916年制造的战斗机

世界上最早的战斗机 法国人雷蒙·索尔尼埃和罗朗·加罗斯发明了一种叫做偏转片的装置，这个装置可使沿飞机纵轴安装的机枪射出的子弹在碰到螺旋桨叶时被偏转过去。正是偏转片系统使莫拉纳—索尔尼L型飞机具有了空战能力，从而成为世界上第一种真正的战斗机。

英国于1917年制造的大型轰炸机

早期英国战斗机

战斗机

世界上最早的喷气式战斗机——ME 262型战斗机 1942年7月27日，德国研制成功世界上最早的喷气式战斗机——ME 262型战斗机。这架战斗机的飞行时速达850千米，比当时所有的活塞式战斗机都要快得多。1943年11月，希特勒观看了这种飞机的表演后说：“我们总算有了可以用于闪电战的轰炸机了！”但他坚决不同意将其作为战斗机使用。直到1944年，ME 262型战斗机才作为战斗机投入实战。

ME 262型战斗机

世界上首批具有实用价值的预警机——E-1B“跟踪者”式舰载预警机 20世纪50年代，美国不断改进预警机，新机型于1958年3月3日试飞成功，正式定名为E-1B“跟踪者”式舰载预警机，这是世界上第一批具有实用价值的预警机，主要用于搜索、监视空中或海上目标等。

美国E-1B“跟踪者”式舰载预警机

空中加油机为飞机进行空中加油。

世界上最早的空中加油机——“DH-4M”空中加油机 1923年8月27日，在美国加利福尼亚州的圣地亚哥湾上空，两架编队飞行的美国飞机完成了航空史上的第一次空中加油。第一架空中加油机的代号是“DH-4M”，在前后总共37小时的飞行中，它为受油机加注了3082升的汽油和润滑油。

非常规武器之最

所谓的非常规武器，是指有别于枪械、火炮等常规武器，具有大规模杀伤破坏性的各种武器，如核武器、生物武器、化学武器等。这些武器的杀伤性和破坏性较大，严重威胁人类的生存环境，因此，联合国通过签订一些公约来禁止一些非常规武器的使用。

“小男孩”原子弹

世界上最早研制出的原子弹 原子弹是利用核裂变的链式反应而发生爆炸的一种武器。1942年8月，美国成立原子弹研究机构，投资22亿美元，投入50余万人，终于在1945年成功研制出3枚原子弹，并将其分别命名为“小玩意儿”“小男孩”和“胖子”。

原子弹轰炸后的广岛一片废墟。

点火阶段

起爆最初一瞬间

起爆

爆炸将沙土掀起。

原子弹爆炸全过程

世界上最早的原子弹爆炸试验 1945年7月16日，在美国新墨西哥州的阿拉莫戈多沙漠中，科学家们进行了世界上最早的原子弹爆炸实验。引爆装置被按下后，地平线上放射出耀眼的光芒，接着一个巨大的火球向天空升腾，转眼间腾起一朵上升到1万米高空的黑色蘑菇云，第一次原子弹爆炸试验成功。

世界上最早的原子弹轰炸——广岛轰炸 1945年8月6日，一架美军B-29轰炸机飞临日本广岛市区的上空，将美军研制的3颗原子弹之一——“小男孩”投下。原子弹爆炸那天广岛大约有32.8万人，其中有20万人在5年之内死于原子弹带来的危害。

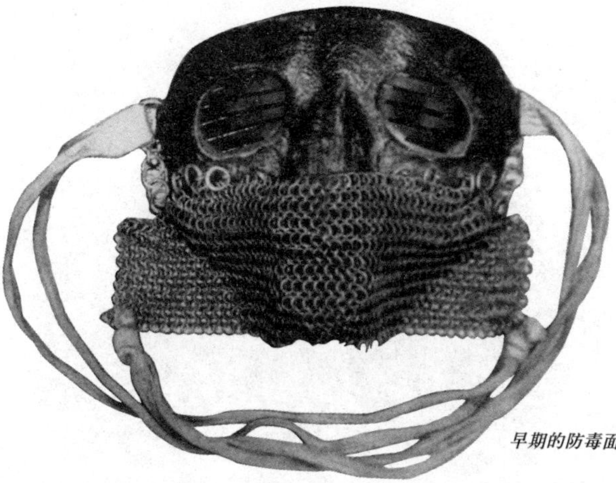

早期的防毒面具

世界上最早的芥子气毒剂 最早的芥子气毒剂是由德国的V·梅耶等人在1886年研制成的。该毒剂属于糜烂性毒剂，学名二氯二硫醚，可用于装填炮弹、航空炮弹、航空布洒器等兵器，使用时会使地面、空气、水源和物体染毒，杀伤作用可持续数小时甚至数天。1917年7月12日，德军在比利时伊伯尔地区第一次使用芥子气毒剂。

世界上最早研制的氢弹 为了保持在核武器领域的优势，美国在1951年5月研制出代号为“乔治”的氢弹试验装置，并在太平洋的恩尼威托克岛将其成功爆炸。这个试验装置重达62吨，爆炸威力大大超过原子弹。

世界上最早的中子弹 中子弹是一种利用中子和α射线作为主要杀伤手段的武器，它能最大限度地杀伤人员等有生力量，而对建筑物、战车等的破坏力则较小。1958年，号称“中子弹之父”的美国科学家科恩发表了关于中子弹原理的报告后，美国便开始研制中子弹。1977年6月，美国正式宣布研制出中子弹，并开始投入生产。

携带中子弹弹头的导弹

戴防毒面具的军人

世界上杀伤力最大的武器 世界上杀伤力最大的武器既不是原子弹，也不是氢弹，而是一种名为“热毒素”的生物武器。“热毒素”是一种有剧毒的细菌生物，只需20克就能使50亿人死亡。由于生物武器对全人类的生存产生威胁，联合国于1972年4月10日通过并签订了《禁止细菌（生物）和毒素武器的发展、生产及贮存以及销毁这类武器的公约》。

研制原子弹的人物

时间	国籍	人名	成就
1938年	德国	哈恩、斯特拉斯曼	发现铀裂变。
1942年	美国	费米	在“曼哈顿工程”负责制造核反应堆。
1942年	美国	奥本海默	在“曼哈顿工程”中担任原子弹总设计师。
1940年	德国	魏茨泽克、海森堡、布雷格、施罗德	设计并制造代号为“U工程”的第一座反应堆。
1942年	德国	海森堡、德佩尔	使“U工程”的反应堆试验成功。

战争之最

战争是人类社会普遍存在的一种现象，伴随着人类历史的发展而滋生和蔓延。在地球上，战争此起彼伏，规模或大或小，时间或长或短。频繁且绵延不断的战争给人类社会带来了深重的灾难。

英法百年战争战场情景

早期的空战

世界上历时最长的战争——英法“百年战争” 历史上历时最长的战争是英法两国在法国土地上进行的一场旷日持久的战争。这场战争从1337年爆发，到1453年结束，前后延续了100多年，史称“百年战争”。战争的原因是由于法国王位继承问题引起的，同时也是为了争夺法国境内富庶的佛兰德尔和阿基坦地区。最终法军于1453年10月19日迫使英军在波尔多投降。

世界上最早的大规模毒气战——伊普雷毒气战 世界上最早的大规模毒气战是发生在第一次世界大战期间的伊普雷毒气战。1915年3月，德军毒气施放团在夜幕的掩护下接近英军和法军的阵地，布下总重量约为180吨的6000个氯气钢瓶。4月22日，德军借助风力将毒气施放到英法联军阵地，最终，德军不费一枪一弹便占领了阵地。

因中毒气而失明的士兵

世界上最早的空战 1911年，在墨西哥革命战争中，革命军雇用了一名美国民间飞行员埃文兰勃，让他驾驶一架“寇蒂斯”式飞机与政府军的一架侦察机在空中用手枪互相射击。这次战斗成为人类历史上的第一次空战。

世界大战战争场面

历史上规模最大的战争——第二次世界大战 迄今为止，人类历史上规模最大的战争是第二次世界大战。1939年～1945年，德国、意大利、日本等法西斯国家发动了这场规模空前的战争，先后有61个国家和地区、20亿以上的人口被卷入这场战争。最后，“二战”以德、意、日的失败而告终。

大不列颠空战引发了火灾，人员伤亡惨重。

世界上规模最大的空战——大不列颠空战 1940年6月，希特勒决定攻占英国本土，于7月展开了世界上规模最大的空战——大不列颠空战。空战中，德国损失了2676架飞机和6000名以上的飞行人员，英国则损失了915架飞机和414名飞行员。

世界上规模最大的闪电战 1941年6月22日，德国军队对苏联进行了一场有史以来规模最大的闪电战。在德军蓄谋已久的攻击下，苏联的军队死伤严重，火炮、坦克、飞机和军用物资也遭受重大损失。这场闪电战在战争初期就把苏联逼入了困境。

“二战”中，德军对苏联实施空袭。

世界上最早的航母大战——太平洋珊瑚海海战 1942年5月，日军舰队抵达太平洋珊瑚海，与驻扎在此的美军展开了太平洋珊瑚海海战。这场海战完全由舰载机交战，由双方舰队远距离决定胜负，开创了海战史上航母交战的先例，得到军事学家的高度重视。

世界上最早使用登陆舰艇的大规模渡海登陆战役——北非登陆战役 1942年11月，美英盟军为击溃非洲的德意联军，夺取北非战略要地，实施了代号为“火炬”的登陆战役。战役中使用了650艘登陆舰艇，是战争史上第一次使用登陆舰艇“由舰到岸”的大规模渡海登陆战役，在战役组织、装备使用等方面为之后的西西里岛和诺曼底登陆战役提供了经验。

太平洋珊瑚海海战

二战中的盟军士兵

现代坦克战

诺曼底登陆战中，美国部队登上奥马哈滩。

世界上规模最大的坦克战——库尔斯克平原上的坦克战 1943年7月12日，德军和苏军在库尔斯克平原上展开有史以来规模最大的坦克战，双方先后共出动坦克逾5000辆，在战场上展开了激烈的交锋，战斗持续了将近一天，最终德军丢下400多辆坦克和自行火炮败下阵去。

世界上规模最大的登陆战——诺曼底登陆战 世界上规模最大的登陆战是美、英、法三国盟军在法国诺曼底发起的诺曼底登陆战。自1944年6月6日凌晨起，盟军共投入288万兵力、飞机1.4万余架、船只5300余艘，在法国诺曼底大举登陆，成功地开辟了欧洲第二战场。

世界上规模最大的海战——莱特湾大海战 莱特湾大海战发生在1944年10月的太平洋战场上，是世界上规模最大的海战，战斗双方为美军和日军。激战中，日军组织了包括4艘航空母舰在内的66艘战舰，美军调动了包括17艘航空母舰在内的166艘战舰和约1500架飞机。由于通讯不便，日军各分队被美军逐个击破。遭到惨重的打击，4艘航空母舰全部沉没，其他舰艇也损失殆尽，飞机损失400余架，人员伤亡10000多人。

激烈的海战

[第十一章]

Part 11

科技之最

随着历史的延续、文明的进步，人们在科学领域已取得了长足的进步，并创造出一个个前所未有的世界之最。你知道世界上最硬的物质是什么吗？谁最早绘制了元素周期表？最早的试管婴儿出现在什么时候？最早的空间站是哪国制造的?最早的计时工具出现在什么时候？通信和计算机领域里又有什么样的世界之最？……在本章里，你将对此一览无余。

物理之最

在我们生活的物质世界中，存在着千奇百怪的物理现象。在这些现象中，有许多值得我们去了解的世界之最，如什么是最硬的物质，哪种光最亮，谁最早证明了大气的存在，谁最早证明了自由落体定律，等等。就让我们带着这些疑问，看一看这些神奇的物理之最吧！

皇冠上镶嵌着许多珍贵的钻石，异常华美。

世界上最硬的物质——金刚石 金刚石又称钻石，不仅是世界上最美丽的矿物质，也是世界上硬度最大的物质。因为金刚石有着特殊的硬度，所以被广泛地应用于机械、电气、航空、精密仪器仪表和国防等众多工业部门，还用来制作切割各种玻璃的玻璃刀以及勘探机的探头等。除此之外，金刚石还具有优良的半导体性能，可应用于各种尖端的科学技术领域。

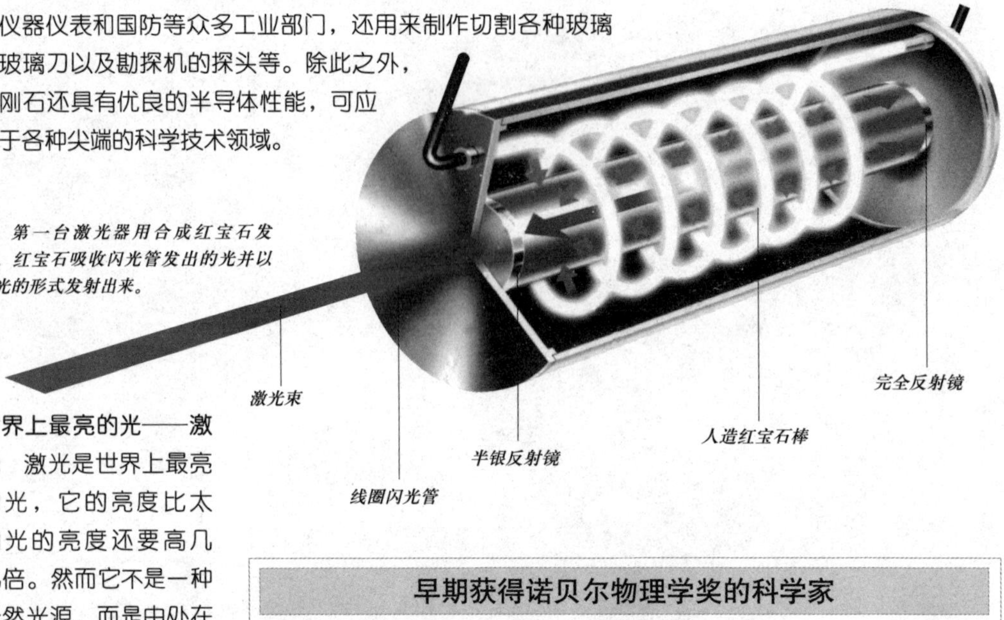

第一台激光器用合成红宝石发光。红宝石吸收闪光管发出的光并以激光的形式发射出来。

世界上最亮的光——激光 激光是世界上最亮的光，它的亮度比太阳光的亮度还要高几亿倍。然而它不是一种天然光源，而是由处在高能级的核外电子在外来光的刺激下释放出来的。激光具有高亮度、颜色单一、方向性强等特性。1960年，美国研制出了世界上第一台激光器。此后，激光被应用到许多领域，给人们带来了很多好处。

早期获得诺贝尔物理学奖的科学家

科学家	国家	时间	获奖原因
伦琴	德国	1901	发现X射线。
洛伦兹和塞曼	荷兰	1902	洛伦兹提出电子理论，他的学生塞曼发现磁场中光谱线的分裂。
贝克勒尔	法国	1903	发现天然放射现象。
居里和玛丽·居里	法国	1903	发现镭和钋。
瑞利	英国	1904	对气体密度的研究和氩的发现
伦纳德	德国	1905	对阴极射线的研究
汤姆生	英国	1906	对气体导电的研究
迈克尔逊	美国	1907	对分光仪和度量学的研究
李普曼	法国	1908	天然彩色照片的复制

马德堡半球实验

世界上最早的显微镜 最早的显微镜是由一个叫詹森的荷兰眼镜制造匠人于1590年前后发明的。这个显微镜是用一个凹镜和一个凸镜做成的，制作水平还很低。詹森虽然是发明显微镜的第一人，却并没有发现显微镜的真正价值。直到几十年后，显微镜被荷兰人列文虎克研究成功，并且开始真正地用于科学研究实验。

列文虎克制造的显微镜

世界上最早证明自由落体定律的人——伽利略 伽利略是意大利伟大的物理学家和天文学家。1590年，伽利略在比萨斜塔上进行著名的“两个铁球同时落地”的实验，证明了物体下落时的距离与所用时间的平方成正比，而物体下落的速度与物体的重量无关。这就是著名的自由落体定律。

世界上最早证明大气压力存在的人——奥托·冯·格里克 空气无色无味、时时刻刻存在于我们身边，而我们却感觉不到。世界上最早证明大气压力存在的人是德国物理学家奥托·冯·格里克。格里克于1654年5月8日在德国马德堡进行了一个历史上赫赫有名的实验——马德堡半球实验，证明了空气是一种实在的物质，大气压力是存在的。

X射线的发现者伦琴

世界上最早获得诺贝尔物理学奖的科学家——威廉·康拉德·伦琴 世界上第一位获得诺贝尔物理学奖的人是德国物理学家威廉·康拉德·伦琴。他通过实验发现了X射线的存在，为此瑞典皇家科学院于1901年11月12日在斯德哥尔摩授予他诺贝尔物理学奖。

伽利略在为众人解释自由落体定律。

化学之最

化学是一门研究物质形态、结构的学科，神奇而复杂。在神秘的化学世界里，有着最轻的化学元素、地壳中含量最多的金属元素等数不清的世界之最。

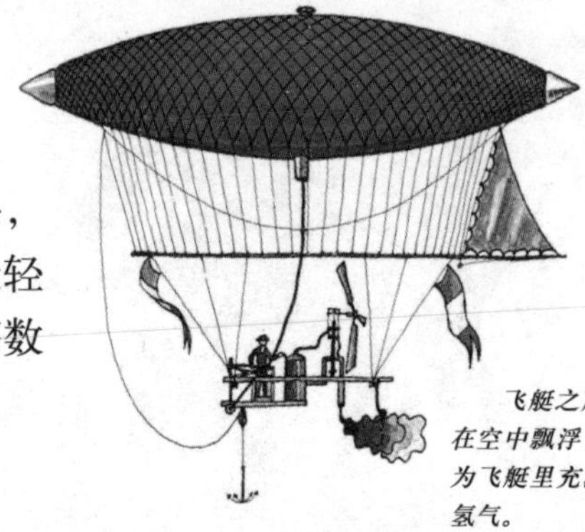

飞艇之所以能在空中飘浮，是因为飞艇里充满大量氢气。

地壳中含量最多的金属元素——铝 铝的含量大约占地壳中金属元素总量的1/3，是地壳中含量最多的金属元素。由于铝在地壳中的储量丰富，而且也容易提炼，所以铝的应用很广泛。我们平时所用的锅和盆等日常用具，有很多都是用铝制成的。

铝的质量很轻，因此被广泛应用于易拉罐的包装上。

最轻的气体——氢气 氢气不仅是所有气体中最轻的，其构成元素氢的原子量也是所有化学元素中最小的。在标准条件下，氢气的密度只有0.0899克/升。1783年，氢气第一次应用在工业中，主要用来填充气球。从此以后，氢开始成为人们生产和生活中离不开的重要物质。

最早绘制元素周期表的人——门捷列夫 世界上最早的一张元素周期表是由俄国化学家门捷列夫于1869年3月绘制的。他把当时发现的63种元素全部列入表中，初步完成了元素系统化的任务。

门捷列夫

吹制法制作的玻璃器皿

最早的玻璃 公元前2600年左右，玻璃首先出现于美索不达米亚（现今伊拉克）或埃及。腓尼基商人发现灶上的硝石与海滩上的沙子混熔后就会出现一种清澈的液体，这便是玻璃。公元前1500年左右，埃及的匠人发明了制造玻璃容器的方法。大约2000年前，叙利亚的工匠发明了玻璃吹制技术，罗马人学会了这种方法，并在征服扩张的过程中将它传播出去。

世界上最轻的金属——锂 锂是自然界最轻的金属，于1817年被瑞士化学家阿·阿尔弗维特桑发现。锂带有银白色光泽，具有比重轻、柔软性高等特性，所以在工业中用途十分广泛。比如在制造玻璃时，加入一些锂，就可以增加玻璃的韧性。另外，锂还常用来制作充电锂电池。

世界上最重的金属——锇 锇是由英国化学家田南特发现的一种灰蓝色金属，是世界上所有金属中最重的一种，每立方厘米锇的重量达22.7克。除此之外，锇还特别耐磨，所以，人们经常用它来制作钢笔的笔尖。比如我们平时常用的铱金笔，笔尖上的小圆粒就是锇与其他金属合成的。

世界上最早发现镭的科学家——居里夫人 镭的发现给医学界带来了巨大的革命，其发现者是居里夫人。居里夫人原籍波兰，后移居法国，获得巴黎大学物理学和数学两个硕士学位，她在科学方面的勤奋和天才为日后的卓越成就奠定了坚实的基础。在前人的基础上，她和丈夫皮埃尔·居里经过不懈地努力，先后发现了两种放射性元素——钋和镭。后来居里先生不幸辞世，居里夫人强忍悲痛，成功地分离出纯金属镭，并将之应用于医学。为此，她获得了诺贝尔奖。

在实验室里，居里夫人做着提取镭的实验。

由塑料制成的儿童玩具

世界上最早合成塑料的化学家——利奥·贝克兰德 世界上最早合成塑料的化学家是美国的利奥·贝克兰德，他于1905年通过实验合成了最原始的塑料。但直到1909年，他才最终弄清楚了这种物质的特性，并将其应用到生产实践中。后来，贝克兰德用自己的名字来为这种物质命名，称为贝克兰德树脂，这是人类历史上最早用纯粹的化学方法合成的塑料。

世界上最先揭示燃烧现象本质的人——拉瓦锡 法国化学家拉瓦锡是化学发展史上一位举足轻重的人物，他最早揭示出了燃烧的本质，从而在化学界引起了一场意义深远的革命。在经过无数次实验后，拉瓦锡指出，燃烧是可燃物质与氧气的化合过程。

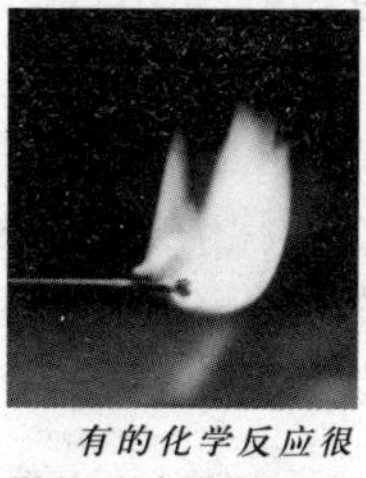

有的化学反应很剧烈，比如燃烧。

最近5年获得诺贝尔化学奖的科学家

时间	姓名	获奖原因
2006年	罗杰·科恩伯格	真核转录的分子基础研究
2007年	格哈德·埃特尔	固体表面化学过程的研究
2008年	下村修、钱永健、马丁·沙尔菲	发现并发展了绿色荧光蛋白
2009年	拉马克里希南、托马斯·施泰茨、阿达·约纳特	核糖体结构和功能的研究
2010年	理查德·赫克、根岸英一、铃木章	钯催化交叉偶联反应研究

数学之最

数学在人类文明进步的过程中占有非常重要的地位。最初，人们因计数的需求而发明结绳计数法，随后才采用数字和进制。古埃及人在测量土地的过程中发展出了几何学。历代数学家不断发展几何学，提出了圆周率、黄金分割、勾股定理等意义深远的研究成果。

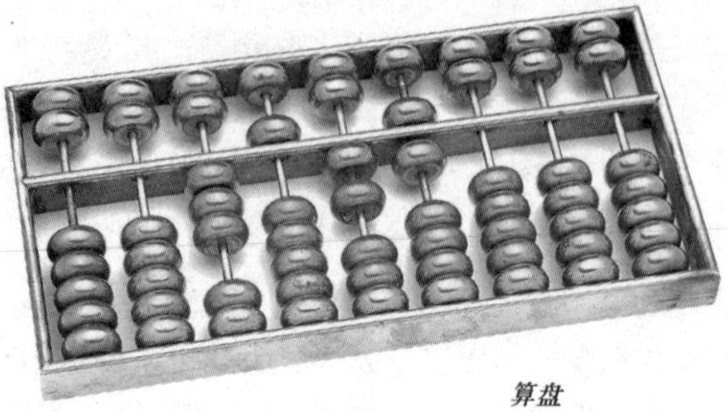

算盘

世界上最早的几何绘图工具——“规”和“矩” “规”就是画圆的圆规；“矩”就是折成直角的尺子，上面标有刻度。根据西汉史学家司马迁《史记》中的记载，夏禹治水的时候就曾使用过这两种工具。据此可知，“规”和“矩”在大约4000年前就已经被使用了，可以称得上是世界上最早的几何绘图工具。

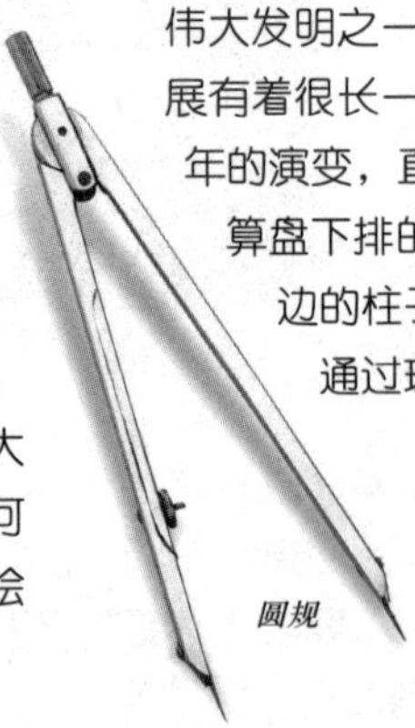

圆规

世界上最早的计算器——算盘 算盘是中国古代劳动人民的伟大发明之一，也是世界上最早的计算器。算盘在中国的发展有着很长一段历史，从最初诞生到发展成熟，经历了上千年的演变，直到唐代才形成我们现在所使用的算盘的形态。算盘下排的珠子每颗代表1，上排的珠子每颗代表5。最右边的柱子代表个位，隔邻是十位，依此类推。人们可以通过珠算口诀在算盘上进行加、减、乘、除的运算。

最古老的数学文献——埃及草片文书 现存最古老的专门用来记录数学的文献，是出现在公元前1700年左右的埃及的草片文书，因其写在一种叫做纸莎草的植物上，所以又被人们称为“纸草书”。“纸草书”上的许多数学问题及相关解答，全部用象形文字写成，可以说是埃及人对人类文明做出的一大贡献，是人类最早关于数学的全面而系统的记录。

世界上最早发明阿拉伯数字的国家——印度 阿拉伯数字最早是由古代印度人发明的，到了公元8世纪，印度天文学家毛卡将这种数字传播到阿拉伯地区。后来，在阿拉伯人的不断改进下，这种数字又传入欧洲，并很快在世界范围内使用，被世人称为“阿拉伯数字”。

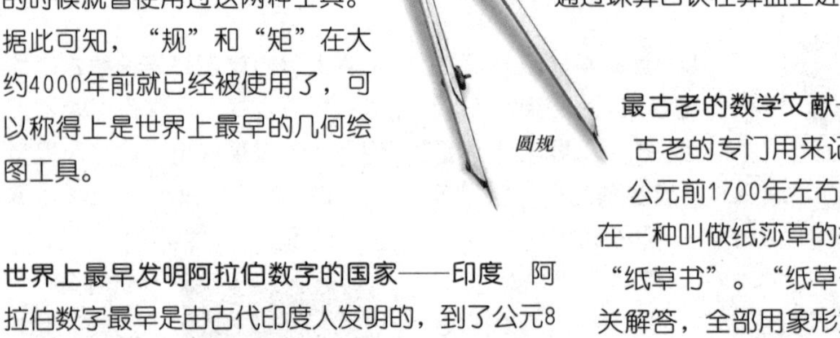

印度人发明了阿拉伯数字，再由阿拉伯人将其广泛传播。

世界上最大的数学专著——《数学原本》 《数学原本》的作者署名是“布尔巴基”，这其实是巴黎大学几个学生的集体笔名。该书于1939年出版第一卷，到1973年已经出版了35卷，但至今还没有写完。这项工程十分宏大，于是在这个漫长的过程中逐渐形成“布尔巴基”学派，该学派也成为国际上举足轻重的数学流派，《数学原本》因此成为世界上最大的一部数学专著。

世界上最早研究不定式方程的数学专著——《九章算术》 世界上最早研究不定式方程的是中国的数学家，这一研究成果被保存在数学专著《九章算术》中。在《九章算术》中，有这样一道题：有5家人共用一口井，用甲家的绳子来量井的深度，绳子的2倍还不够，所缺恰好等于乙家绳子的长度；乙家所用绳子的3倍还不够，所缺恰好和丙家绳子的长度一致，依此类推，问井深和绳长各是多少？这道题实际上就是一个五元一次方程组。这证明《九章算术》确实是最早研究不定式方程的数学专著。

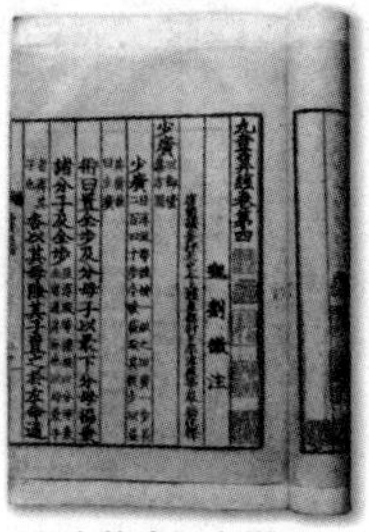

《九章算术》书影

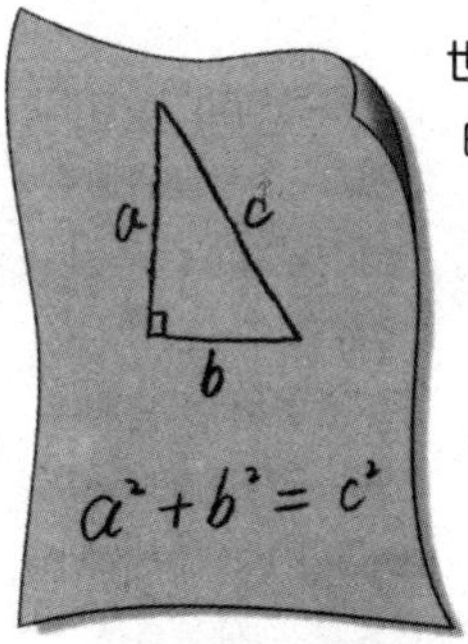

《周髀算经》的成就在当时非常高，勾股定理就是它最先提出的。

世界上最早记录“勾股定理”的数学专著——《周髀算经》 西汉末年东汉初年，中国出现了著名的古代算书《周髀算经》，书中介绍了公元前6世纪时科学家对“勾股定理”的研究。书中提出：在直角三角形中，两条直角边的平方和等于斜边的平方。《周髀算经》中提出“勾股定理”的时间远远早于西方数学家毕达哥拉斯提出这个定理的时间，是世界上最早记录“勾股定理”的数学专著。

模糊数学的最早创立者——柴德 模糊数学又叫弗晰数学，是现代数学的一个分支，专门研究事物的模糊性质，对于电子计算机功能的完善和发展有着十分重要的意义。模糊数学最早是由美国数学家柴德于1965年创立的。20世纪后半叶，随着电子计算机的飞速发展，随之而来的一些问题也日益突出，为了解决这些问题，柴德抓住了数学史上这个机会，开创了一个新的学支——模糊数学，来解决电子技术发展中模糊类的问题。

祖冲之

世界上最早把圆周率精确到小数点后七位的数学家——祖冲之 圆周率是数学运算中最重要的常数之一。中国南北朝时期的数学家祖冲之，是世界上最早把圆周率精确到小数点后7位，即3.1415926～3.1415927之间的数学家。1000多年后，荷兰数学家安托尼兹才计算到同样精确的圆周率数值。

名画《拾穗者》的构图完全符合黄金分割定律。

世界上最早发现“黄金分割”定律的人——欧道克萨斯 欧道克萨斯是古希腊的学者，他最早计算出“黄金分割”的比值为0.618。他的这一发现给人类带来了极大的影响，因为“黄金分割”普遍存在于自然界中，它是人们衡量美的一个标准。直到现在，“黄金分割”仍在音乐、美术建筑等方面起着不可忽视的作用。

医学之最

医学的发展给整个社会带来了巨大的进步。17世纪的医学先驱哈维发现了血液循环及心脏运动的规律，18世纪詹纳发明了牛痘接种法，19世纪弗莱明发现了青霉素，20世纪弗洛伊德创立了精神分析学……医学的发展推动了医疗技术的发展，各类医疗器械的发明和应用又进一步促进医疗技术水平的提高。

詹纳雕像

世界上最早采用牛痘接种法的医生——爱德华·詹纳 爱德华·詹纳是18世纪英国杰出的医生。那时候，天花病比以往任何时候都猖獗，英格兰岛一年就有45000人死于天花。一个偶然的机会，詹纳发现，如果一个人被传染上牛痘，就再也不会出天花了。1796年5月14日，詹纳用牛痘溃疡的脓液为一个小男孩接种，结果这个小男孩没有被传染上天花。这是历史上人体牛痘接种的首次成功实验。詹纳的这种做法使他成为运用免疫法消灭人类传染疾病的奠基人。

世界上最早发现血液循环规律的人——哈维 哈维是17世纪英国著名的生理学家和医生，他最早发现了血液循环规律。1628年，哈维所著的《动物心脏和血液运动的解剖学研究》一书问世，书中提出了完整的心脏运动和血液循环的科学理论，指出正由于心脏的不断搏动，血液才得以在体内不停地循环。

哈维向人们阐述他的血液循环理论。

世界上最早发现病菌的人——巴斯德 病菌是人类致命的敌人，它能通过各种渠道传播，并让人遭受病痛的折磨。世界上最早发现病菌的人是法国的生物学家巴斯德。1865年，欧洲蔓延着一种疾病，这种病使农民养育的蚕大批大批地死去。巴斯德经过认真地研究，发现在蚕和桑叶上生存着一种能够导致病痛的微生物，并将它们命名为“病菌”。此后，巴斯德又发现了许多种病菌。

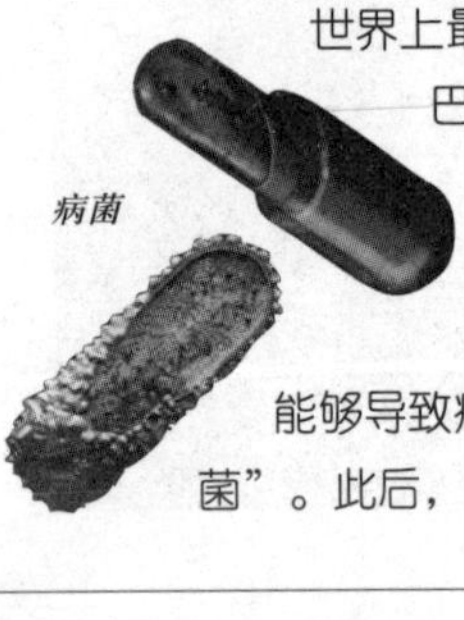

病菌

国际红十字会的创始人——亨利·迪南 亨利·迪南于1828年5月8日出生在日内瓦。1863年10月26日，在他的倡导和组织下，在日内瓦举行了一次国际会议。在这次会议上，代表们讨论并决定组织一个新的世界性的自愿救护组织。该组织的标志被定为白底红十字，并取名为“国际红十字会”。亨利·迪南把他的一生献给了红十字会，并因此获得第1届诺贝尔和平奖。

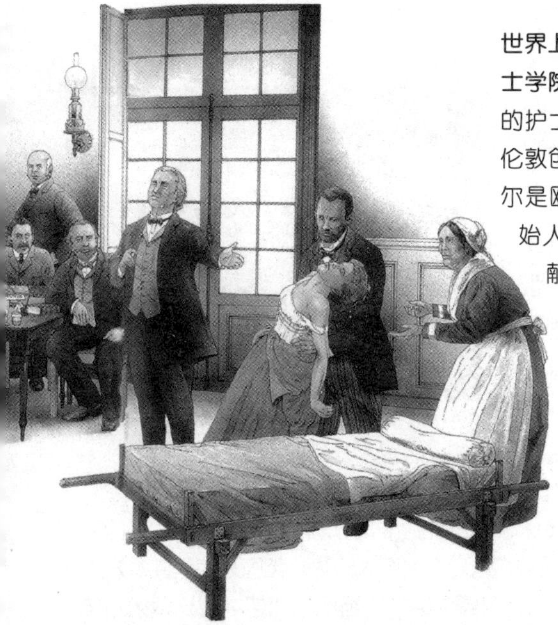

世界上最早的护士学校——南丁格尔护士学院 1860年，世界上第一所正规的护士学校——南丁格尔护士学院在伦敦创办。这所院校的创办人南丁格尔是欧美近代护理学和护士教育的创始人之一。为了表彰她的杰出贡献，国际红十字会设立了“南丁格尔奖章”，作为护士的最高荣誉。

弗洛伊德（最外围第二位）博采众长，图为他讲授催眠术时的情景。

南丁格尔

精神分析学的创始人——弗洛伊德 弗洛伊德不仅是奥地利著名的神经病学家、精神病医生，还是精神分析学的创始人。1881年，弗洛伊德获医学博士学位。1900年，他出版了《梦的解析》一书，由此发展出来的精神分析理论引起学术界的轰动。这本书被誉为改变人类历史的书。

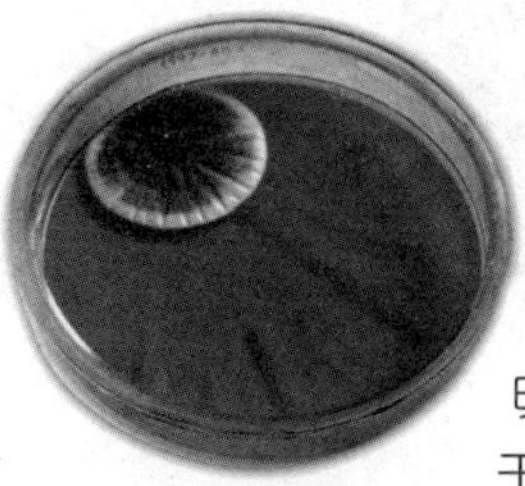

青霉素

世界上最早发现青霉素的人——亚历山大·弗莱明 亚历山大·弗莱明是英国著名的细菌学家，于1928年在一种真菌中发现了青霉素。青霉素的发现，使人类得以征服死亡率很高的各种细菌性疾病，开创了医学发展史的新纪元。

弗莱明工作时的照片

生物技术之最

生物技术是运用分子生物学、细胞生物学等手段，研究、设计和改造生命系统，以改良生物乃至创造新的生物品种的一类综合性高新技术。生物技术包括基因工程、细胞工程、蛋白质工程等内容。现代生物技术已成为人类解决食品、健康、环保和能源等诸多重大问题的重要手段。

沃森和克里克与他们发现的DNA三维结构模型

世界上第一个试管婴儿——路易丝·布朗

DNA双螺旋结构的建立者——沃森和克里克 DNA(脱氧核糖核酸)是一种携带生命遗传信息的物质。1953年，两位英国剑桥大学的科学家发现了DNA的结构，他们是美国人沃森和英国人克里克。沃森和克里克认为，DNA呈双螺旋结构，组成这种结构的是两条由碱基对互相缠绕的分子链。他们不仅弄清了DNA分子的结构，而且弄清了各个DNA分子是如何连接在一起的。沃森和克里克的工作加速了基因科学的进程，他们因此获得了诺贝尔生理学或医学奖。

世界上最早的试管婴儿——路易丝·布朗 世界上第一个在体外受精的试管婴儿诞生于1978年7月25日，她的名字叫路易丝·布朗，是伦敦妇女莱斯利·布朗和她丈夫约翰的孩子。莱斯利的卵子在体外受孕，然后才植入子宫，孕育出路易丝。

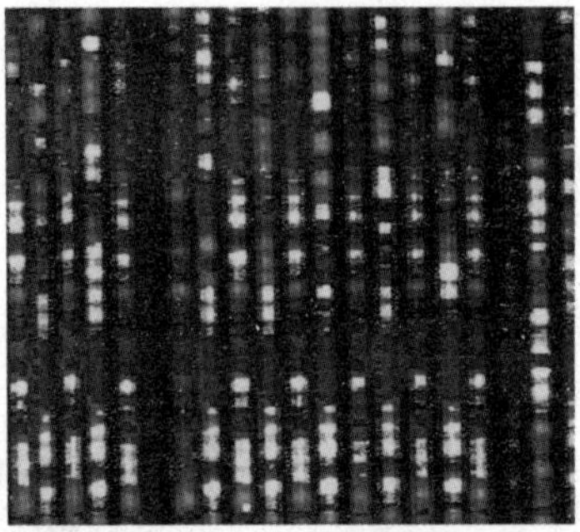

用蛋白质顺序分析仪分析出的蛋白质结构

世界上第一台用于商业的蛋白质顺序分析仪 1982年，总部位于美国加利福尼亚州的生物技术应用公司研制开发出第一台用于商业的气态蛋白质顺序仪。这台仪器能将蛋白质切成一小段一小段，然后分析上面的氨基酸组成，从而获得蛋白质缺陷的突变基因。

基因技术发展一览表

事件	人物（单位）
最早提出遗传因子概念	奥地利遗传学家、遗传学奠基人孟德尔
最早提出基因一词	丹麦植物学家、遗传学家威廉·路德维希·约翰逊
最早开设“基因商店”	英国遗传学家莫尼斯·希尤别尔
最早发现性基因的机构	美国斯坦福大学、得克萨斯大学西南医疗中心、布兰代斯大学和俄勒冈州立大学的研究人员组成的研究小组
最早发现防止心肌梗塞基因的机构	日本大阪大学
最早发现TTV基因亚型的机构	中国河南医科大学微生物与免疫学教研室赵国强领导的课题组

世界上最早的转基因作物 所谓转基因，就是利用分子生物学的方法，将某些特征性基因转移到其他物种中，使这一物种出现原本不具有的性状。世界上最早的转基因作物诞生于1983年，是一种含有抗生素药类抗体的烟草。此后，转基因马铃薯、转基因西红柿相继问世。

转基因西红柿

克隆羊多利

世界上最早的克隆羊——多利 “克隆”指的是人工诱导的无性繁殖。动物克隆试验的成功在细胞工程方面具有划时代的意义。世界上第一只克隆羊名字叫做“多利”，它于1996年诞生。它的诞生过程没有精子的参与，在这个意义上，它是世界上第一只真正克隆出来的哺乳动物。多利是由英国生物遗传学家维尔穆特主持的科研小组成功地克隆出来的，它的诞生意味着人类可以利用动物的一个组织细胞，生产出很多与母体相同的生命体。这种繁殖方式打破了关于两性繁殖的传统看法，是基因研究工程领域的一大突破。

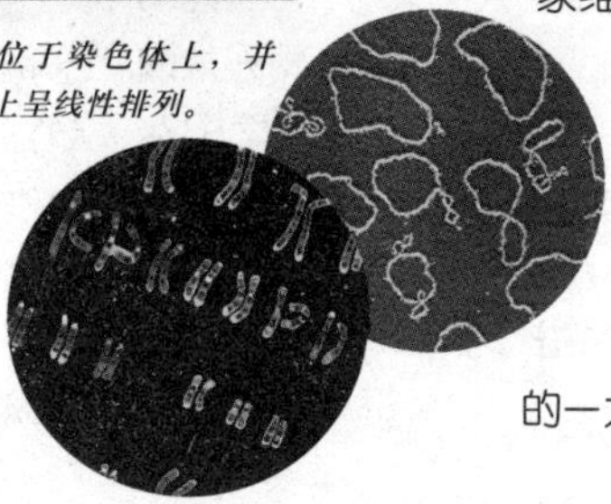

基因位于染色体上，并在染色体上呈线性排列。

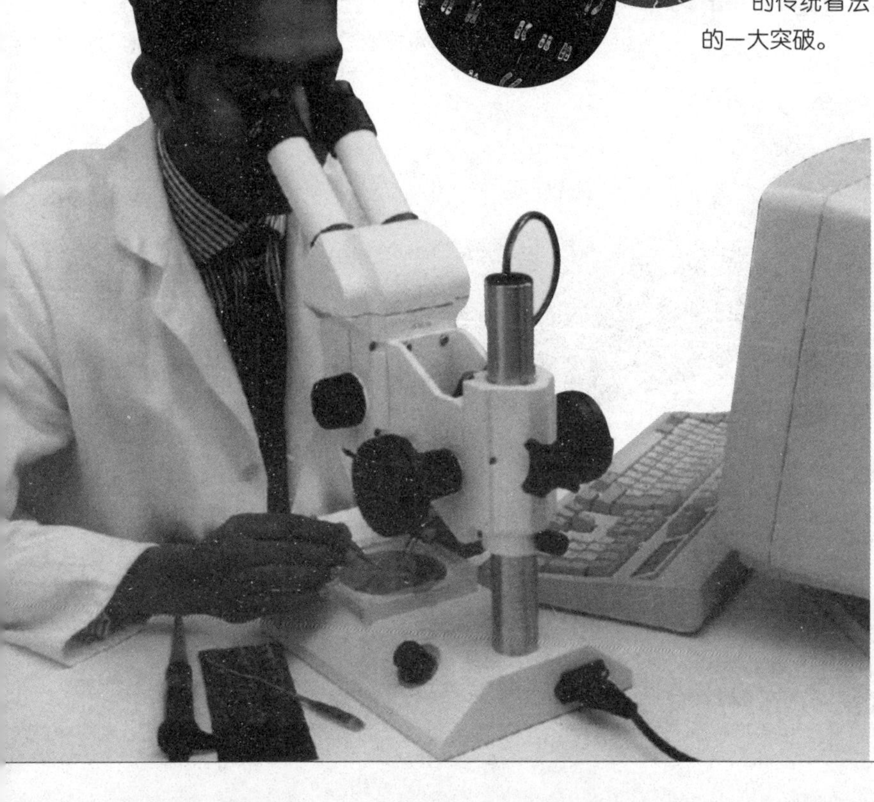

在实验室里，医务人员正在培养用于基因治疗的细胞。

世界上最早实施的基因治疗 1990年，美国国家健康研究所的医生和科学家为一个4岁的女患者首次实施了基因疗法。这位患者因缺乏健全的免疫系统而接受治疗。治疗结果显示，患者的免疫系统得到大大改善。几个月后，患者完全恢复了健康。

航空之最

千百年来，人们总是梦想着如何能像天空中的鸟儿一样展翅飞翔。于是，人们便开始研制各种各样的飞行工具。起初，人们造出了风筝，接着又制造了热气球、滑翔机、飞艇、直升机、超音速飞机等。这些飞行器不仅实现了人类的航空梦想，而且使人类飞得越来越高、越来越快了。

蒙葛菲尔兄弟发明的热气球

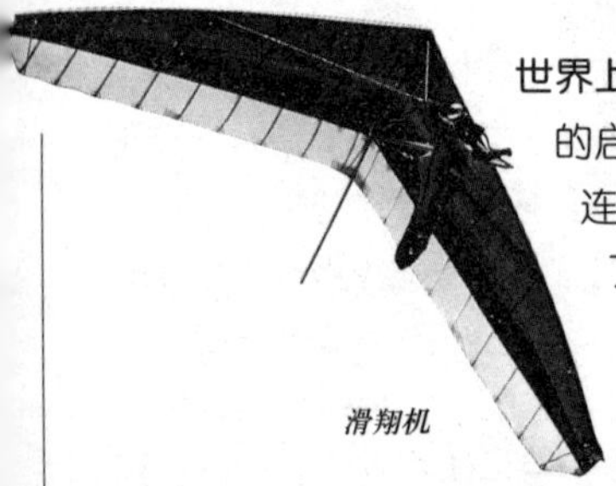

滑翔机

世界上最早的滑翔机 受到鸟类飞行的启发，德国滑翔机专家奥托·利连撒尔经过多年研究，终于想出了一种能让人类实现飞行梦想的办法。他给自己安上两只大翅膀，制造了世界上最早的滑翔机，并于1891年首次滑翔成功。在此后5年中，他不断改进滑翔机，共进行了2000多次飞行。

世界上最早的热气球 热气球是在飞艇和飞机问世之前，人类用来在高空飞行的最方便的工具。最早的热气球问世于1783年，发明者是蒙葛菲尔兄弟。他们以纸和布为材料，用纽扣将这些材料连接起来，并在气球中注满热空气。同年9月，这只气球进行了人类历史上的首次飞行。直到现在，喜欢探险活动的人仍然会利用热气球来满足自己的探索欲望。

世界上最早的飞艇 世界上第一架飞艇是法国的发明家亨利·吉法尔于1851年研制成功的。1852年，吉法尔驾驶着这架飞艇，以每小时10千米的速度在空中连续飞行了两个多小时。在这以后，人们不断对飞艇进行改良，使飞艇成为一种空中交通工具。

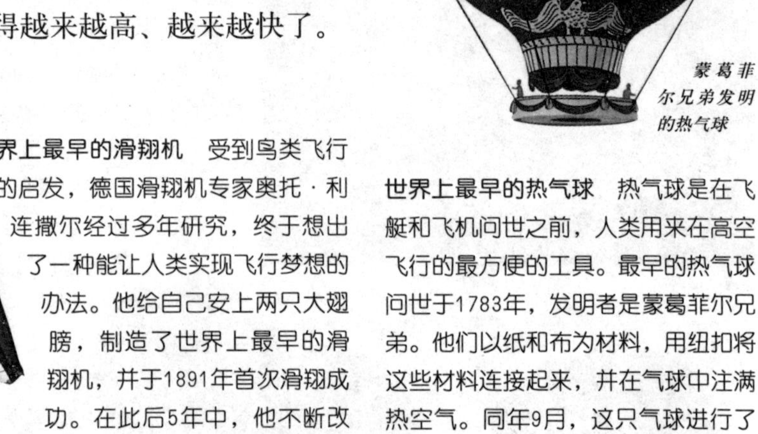

现代飞艇

航空大事记

时间	事件
1954年8月1日	新中国的第一架飞机——雅克-18初级教练机试制成功。
1961年11月9日	英国的“SUMPAC”号(塞桑普顿大学号)人力飞机首次实现了自力飞行，飞行距离64米。
1999年3月1日	第一次不着陆气球环球飞行由瑞士探险家贝特朗·皮卡尔和英国的布赖恩·珍斯驾驶“布雷特林轨道器3”号气球完成。他们一共飞行了19天21小时55分，飞行距离42810千米。

世界上最早的直升机 1939年，美国人西科尔斯基研制出世界上第一架能够被人操纵的直升机。这架直升机的机顶上有一个巨大的单翼螺旋桨，尾部有一个尾桨，用来保持机身的平衡。它的外形至今仍被现在的设计师们所采用。

直升机的顶部有螺旋桨，直升机通过它进行升降飞行。

莱特兄弟制造的“飞行者”号飞机

世界上最早的有动力飞机 发明世界上第一架有动力飞机——“飞行者”号的人就是大家所熟知的美国的莱特兄弟。1899年，莱特兄弟从斯密逊协会获得了有关飞行方面的资料和文献，从此便开始了长达3年的研究工作。1903年12月17日，他们所发明的“飞行者”号第一次成功地完成了动力载人飞行。

世界上最早的超音速飞机 所谓的超音速飞机，通俗地说就是飞行速度超过音速(340米/秒)的飞机。人类探索飞机超音速飞行的道路是漫长而曲折的。在几次超音速试验飞行中，飞机都在即将达到音速的那一刻被空气撕得粉碎。世界上最早的超音速飞机是由美国拜尔公司制造的一架名为“XS-1型”的火箭飞机。1947年10月14日，24岁的美国空军上尉查尔斯·叶格尔，在加利福尼亚州的爱德华空军基地上空，成功地驾驶着这架飞机完成了世界上第一次超音速飞行。

世界上飞得最高的飞机 时至今日，世界上飞得最高的飞机要数“X-15A”试验机了。这架飞机既不是战斗机也不是客机，只是专门用来做研究工作的一架特殊的研究机。与普通飞机不同的是，它是以火箭为动力的。1961年7月，美国航空航天局的试飞员约瑟夫·沃尔克驾驶这架飞机飞到了9.5936万米的高空。1963年8月，他又驾驶着这架飞机飞到了10.8万米的高空。这个高度是普通客机飞行高度的10倍，是普通战斗机飞行高度的5倍。因此，这架飞机被世界航空组织正式批准为世界上飞得最高的飞机。

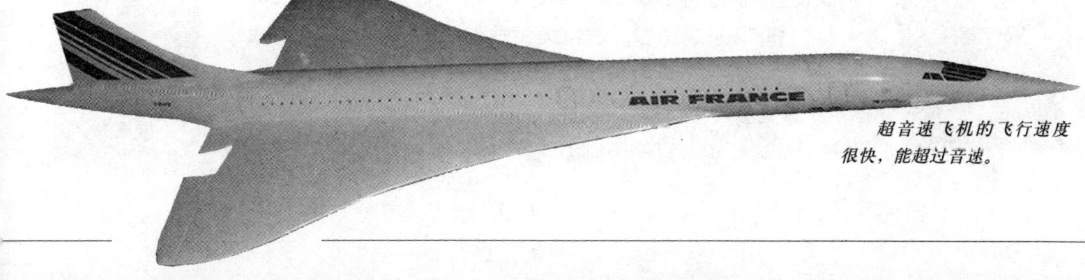

超音速飞机的飞行速度很快，能超过音速。

航天之最

航空飞行的高度没有满足人们对太空探索的需求。在航空飞行的基础上，航天事业取得了进一步的发展。人造卫星的升空、空间站的建立、空间渡船的出现，无一不体现出人类在航天技术领域取得的硕果。

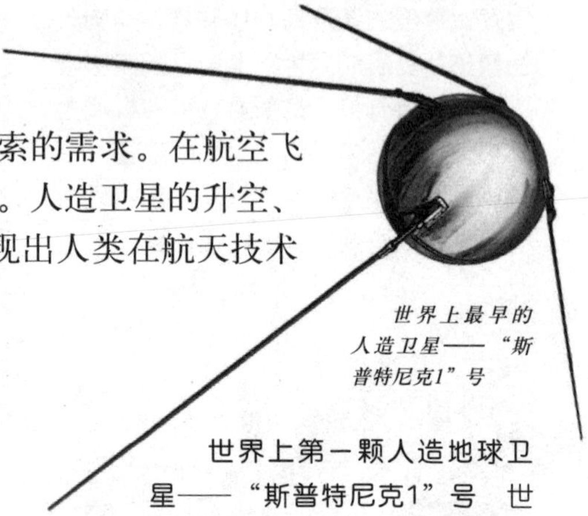

世界上最早的人造卫星——“斯普特尼克1”号

世界上威力最大的运载火箭——“土星5”号 运载火箭是发射宇宙飞船和卫星所必需的运载工具。目前，世界上威力最大的运载火箭是美国的“土星5”号运载火箭。“土星5”号是一种使用液体燃料的三级火箭，总高度为85.7米，起飞时的总重量将近3000吨，它身上的部件多达200多万个，其中有11台强大的发动机。它曾成功地运送过“阿波罗11”号飞船登月，实现了人类登上月球的梦想。此外，它还发射过“先驱者10”号及“旅行者1”号等空间探测器。

世界上第一颗人造地球卫星——“斯普特尼克1”号 世界上第一颗人造地球卫星是苏联发射的“斯普特尼克1”号。它于1957年10月4日发射成功。这颗卫星的主体部分是用铝合金做成的圆球，直径58厘米，重83.6千克，由一枚三级运载火箭发射升空。“斯普特尼克1”号在天空中共运行了92天，绕地球大约1400圈，出色地完成了自己的使命，于1958年1月4日陨落。

“土星5”号运载火箭

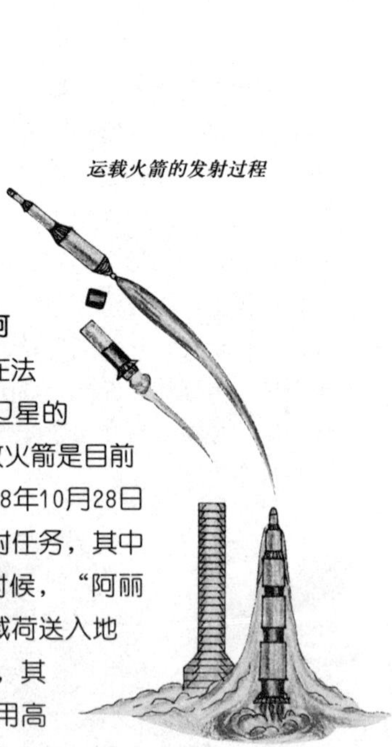

运载火箭的发射过程

世界上运载能力最强的商用运载火箭——“阿丽亚娜5型”运载火箭 2002年8月29日6时，在法属圭亚那库鲁航天发射中心，一枚载有两颗卫星的“阿丽亚娜5型”运载火箭顺利点火升空，这枚火箭是目前世界上运载能力最强的商用运载火箭。它从1998年10月28日正式投入商用，至2002年已完成了10次商业发射任务，其中有9次是成功的。进行单星发射任务的时候，“阿丽亚娜5型”运载火箭可以将6500千克的载荷送入地球同步转移轨道。而进行双星发射任务时，其载荷是6000千克。它的研制历时8年多，研制费用高达80亿美元。

"先驱者"号太空探测器

世界上最长寿的太空探测器——"先驱者10"号太空探测器 "先驱者10"号太空探测器是迄今为止人类向宇宙中发射的星际探测器中飞行时间最长、飞行距离最远的一个。它是美国于1972年3月2日发射升空的，其主要使命是观测木星。在它工作的25年间，共向地球发回300多幅照片，探测到许多关于木星的信息。

世界上最早的空间站——"礼炮1"号空间站 世界上第一个空间站是"礼炮1"号空间站，它是由苏联发射升空的。1971年4月19日，"礼炮1"号空间站顺利地进入了预期的运行轨道。这座空间站由轨道船、服务舱和对接舱3个部分组成，总长度约为12.5米，最大直径4米，总重约18.50吨。它在太空中运行了6个月，完成使命后，于同年10月11日在太平洋上空坠毁。

"礼炮1"号空间站

世界上最早的空间渡船——"企业"号空间渡船 1977年8月12日，美国宇航局在加利福尼亚州的亚莫哈维沙漠上空进行了空间渡船的第一次试验飞行。这艘渡船被命名为"企业"号，被一架波音747型飞机载入高空，并在6736米的高度离开母机，自由飞入太空。

世界上寿命最长的国际空间站——"和平"号空间站 "和平"号空间站是1986年由苏联发射升空的第三代空间站，到2001年为止，它已经在太空度过了15个生日，是目前世界上寿命最长的国际空间站。2001年3月23日，"和平"号空间站安全地坠入预定的海域。

"和平"号空间站

计算机之最

计算机又称电脑，是通过编制程序操作来完成大量不同工作的电子机器。在家里、学校、办公室里，计算机被用来制作文件，进行设计或存储、查找资料等；在工厂里，计算机被用来操纵工具和机械手等。如今，计算机已成为人类生活中不可缺少的重要部分。

世界上第一台计算机——ENIAC

世界上最早的计算机——ENIAC计算机 1946年，世界上第一台计算机ENIAC在美国诞生。这是一个庞然大物：长30.48米，宽1米，占地面积达170平方米，具有30个操作台，大小差不多相当于10间普通房间。ENIAC的出现标志着计算机时代的到来。从此以后，计算机以惊人的速度发展着，其运算速度和存储量迅速增加，渗透到社会生活的各个方面，直接引领人类进入信息社会。

“苹果”Ⅱ型计算机

沃兹尼克

世界上第一台商用电子计算机——UNIVAC-Ⅰ 世界上第一台电子计算机ENIAC的主要设计者莫克利和埃克特，在1946年离开了ENIAC的诞生地宾夕法尼亚大学莫尔学院，1947年在宾夕法尼亚市附近开设了电子控制公司，并于1948年改名为埃克特·百利特计算机公司。从1947年起，这个公司开始为政府和企业部门制造UNIVAC-Ⅰ计算机，这是世界上第一台商用计算机。

世界上第一台苹果计算机 1976年，苹果公司的创始人沃兹尼克和乔布斯等人研制的“苹果”Ⅰ型计算机开始在市场上销售。“苹果”Ⅰ型计算机只有一些主要的部件，它没有机壳，没有键盘，也没有电源，必须把这个机器同一个变压器相接，才能使用。

世界上第一台真正的个人计算机 1977年，沃兹尼克等人在“苹果”Ⅰ型的基础上做了许多改进，发明了“苹果”Ⅱ型计算机，其外壳是塑料做的。“苹果”Ⅱ型计算机是一台人人都会使用的真正的个人计算机。

迈向电脑时代

时间	成果
1834年	查尔斯·马贝奇设计了一台能计算并能打印结果的机器。
1888年	打卡机(为选举计票而制作)出现。
1946年	第一台电子计算机(ENIAC)出现。
1969年	作为军事网络的互联网出现。
1971年	第一张软盘出现。
1975后	第一台家庭计算机Altair8800在市场销售。
1981年	第一张压缩光盘出现。
1992年	万维网出现。
1994年	因特网上出现了第一个网上购物中心。

世界上最早使用鼠标的计算机——“丽莎” 鼠标最早诞生于美国施乐研究中心，是在苹果公司1983年制造最新款电脑“丽莎”时首次作为计算机的标准配置使用的。“丽莎”所配置的鼠标下方有一个小球，当鼠标在桌面上移动时，小球就会滚动，屏幕上的指针也会随之移动。

苹果公司研制的最早使用鼠标的计算机——“丽莎”

英特尔4004微处理器

世界上第一个真正的微处理器——英特尔4004微处理器 在设计一种新型计算器的时候，英特尔公司的工程师们发现可以用一片大规模的集成电路芯片代替原来的12片芯片。1971年，英特尔公司将这种微处理器命名为4004，它是第一个真正的微处理器。

世界上第一个向量型巨型计算机——Cray-1型计算机 最早的巨型计算机的研制设计是由美国伊利诺伊大学承担的，并由美国宝来公司负责制造，其目的是为美国航天局进行大量的科学计算使用。1976年完成的Cray-1型计算机，是第一个向量型巨型计算机。它针对天气预报、飞行器设计和很多核物理研究中存在大量运算的特点，设计时将向量计算应用得相当完美。

IBM产品标识

世界上运行速度最快的计算机——“蓝色基因L” 在2004年11月6日举办的“2004年超级计算机会议”上，由IBM公司研发的“蓝色基因L”被评为运行速度最快的计算机。“蓝色基因L”是IBM公司为美国能源部国家核安全局制造的一台计算机，其运算速度达每秒70.72万亿次。

最早的计算机网络——万维网 英国发明家伯纳斯·李最初构想出万维网，并于1989年开始着手研究这一项目。他设想如果计算机能够通过电话线连在一起，那么就能彼此共享所有计算机上的信息。他发明了一种特殊的超文本语言(HTML)，人们用HTML语言建立的文件可以链接并形成一个独特的系统。1992年，万维网诞生了。

构想并研究万维网的英国发明家伯纳斯·李

科技发明

在我们生活的环境中，存在着各式各样的高科技产品。你有没有想过，这些产品是什么时候发明的呢？从古至今，人们都在不断地进行发明创造。特别是在18世纪后，随着工业革命的进行，科技发明的速度越来越快，在短短一个世纪的时间里，我们的生活方式因这些发明而发生了日新月异的变化。

司南

世界上最早发明的纸 在中国汉朝时，人们发现在漂冲丝茧时会留下一层薄薄的丝絮，将它晒干揭下后，可以当作书写的材料，这可以说是世界上最早的“纸”。但其数量有限，造价昂贵，未能广泛使用。公元105年，中国人蔡伦通过总结前代及当时造麻纸的技术经验发明了真正实用的纸张，对人类文化的传播作出了杰出的贡献。

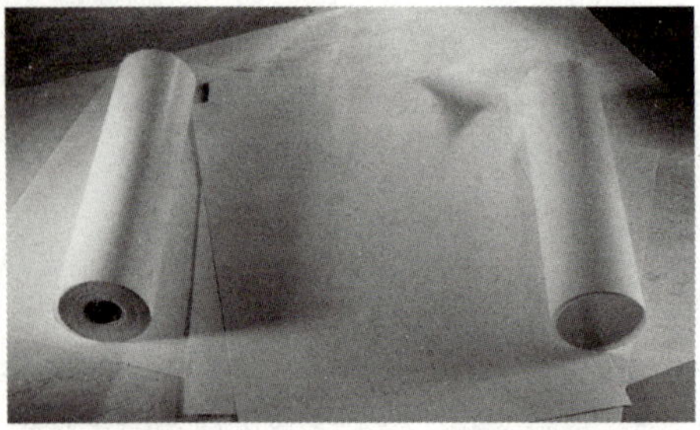

现代的办公用纸

世界上最早发明的指南针——司南 在中国的战国时期，人们偶然发现了磁石的指极特性，并利用这种特性发明了最早的指南针——司南。司南的样子很像我们现在用的汤勺，有一个长长的把柄，底部溜圆，易于转动。它是用磁石磨成的。使用的时候，把它放在一个分成24个方向的光滑铜盘上。用手轻轻一拨，等到它的转动停下来时，长柄指着的方向就是南方。

世界上最早发明的计时工具——天文钟 早在公元前1400年左右，埃及人就发明了能计时的水钟，但这不能算是真正的计时工具。在中国汉代时，科学家张衡结合天文观测的实践，发明了天文钟，这是已知的世界上最古老的钟，能够较准确地计算出时间。

设计古朴的钟

伏打电堆

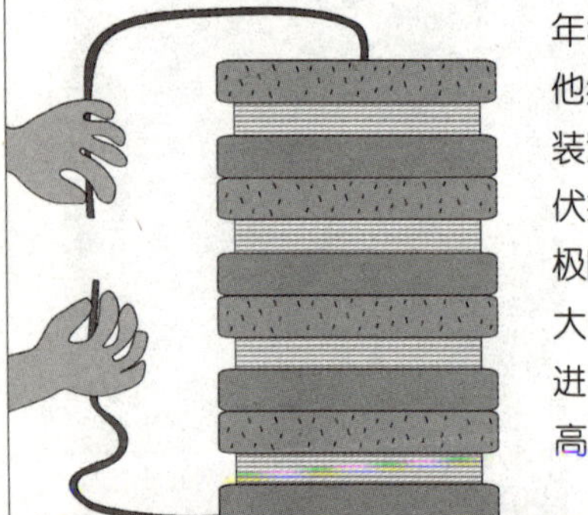

世界上最早发明的电池——伏打电堆 1800年3月20日，意大利物理学家伏打郑重宣布，他经过多年研究，发明了一种能够持续放电的装置——伏打电堆，从而轰动了整个科学界。伏打经过大量的试验发现，用纸板把锌、铜两极隔开，浸在酸溶液中，就能从两极中获得较大的电压。单个电极产生的电压不足，他又进一步把若干个相同的电极堆起来，形成高压，这就制成了“电堆”。这是第一个人造的化学电池，它首次为人类提供了稳定而连续的电流。

世界上最早发明的照相机 1839年，法国画家达盖尔无意中发现用碘处理过的金属板具有感光性，从中得到启发，发明了感光材料。之后在一次偶然的发现中，达盖尔通过水银蒸发发现了底片显像的现象，从而解决了显影问题。后来，达盖尔又解决了定影问题，这样，他把照相的所有基本技术问题都解决了。毫无疑问，达盖尔是照相机的发明者。

照相机

安全升降机

世界上最早的安全电梯 1845年，威廉·汤姆逊研制出了一台液压驱动的升降机。尽管升降工具被一代代工程师们不断改进，然而被工业界普遍认可的升降机仍未出现。直到1852年，美国技工奥蒂斯发明了世界上第一台安全升降机。其后他创建了奥蒂斯电梯公司。1889年，升降机开始采用电力驱动，真正的电梯出现了。

世界上最早的打字机 1966年，美国人肖尔斯发明了世界上第一台实用打字机。这台打字机与现在的打字机一样，有一个键盘、一些铅字连动杆和一条油墨丝带，需要靠手指敲击按键来操作。

世界上最早的圆珠笔 1943年，匈牙利某印刷厂一位名叫拉兹罗·约瑟夫·比克的校对员，发现机器上刚印好的清样含有很多水分，用自来水笔改正会发生浸润模糊的现象。为此，他经常琢磨用何种办法进行改进。后来，比克找来一根圆管，装上油质颜料，把笔尖改成钢珠后，书写很流畅，而且字迹清晰。于是，世界上第一支圆珠笔诞生了。

圆珠笔

打字机

纺织业中最重大的发明

时间	事件
1733年	英格兰工匠凯伊发明了飞梭。
1765年	木匠哈格里夫斯发明了“珍妮纺纱机”。
1769年	钟表匠出身的阿克莱特发明水力纺纱机。
1779年	工人克伦普顿发明“骡机”。

图书在版编目（CIP）数据

世界之最 / 龚勋主编．—汕头：汕头大学出版社，2012.1（2021.6重印）

ISBN 978-7-5658-0564-6

Ⅰ．①世… Ⅱ．①龚… Ⅲ．①科学知识-青年读物②科学知识-少年读物 Ⅳ．①Z228.2

中国版本图书馆CIP数据核字（2012）第008762号

世界之最

SHIJIE ZHIZUI

总策划	邢　涛	印　刷	唐山楠萍印务有限公司
主　编	龚　勋	开　本	705mm×960mm　1/16
责任编辑	胡开祥	印　张	10
责任技编	黄东生	字　数	150千字
出版发行	汕头大学出版社 广东省汕头市大学路243号 汕头大学校园内	版　次	2012年1月第1版
		印　次	2021年6月第7次印刷
		定　价	34.00元
邮政编码	515063	书　号	ISBN 978-7-5658-0564-6
电　话	0754-82904613		